Denise Doberitz

IT-Kostenrechnung im Unternehmen

Denise Doberitz

IT-Kostenrechnung im Unternehmen

Verursachungsgerechte Leistungsverrechnung für innerbetriebliche IT-Dienstleistungen

VDM Verlag Dr. Müller

Impressum/Imprint (nur für Deutschland/ only for Germany)
Bibliografische Information der Deutschen Nationalbibliothek: Die Deutsche Nationalbibliothek
verzeichnet diese Publikation in der Deutschen Nationalbibliografie; detaillierte bibliografische
Daten sind im Internet über http://dnb.d-nb.de abrufbar.
Alle in diesem Buch genannten Marken und Produktnamen unterliegen warenzeichen-, marken-
oder patentrechtlichem Schutz bzw. sind Warenzeichen oder eingetragene Warenzeichen der
jeweiligen Inhaber. Die Wiedergabe von Marken, Produktnamen, Gebrauchsnamen,
Handelsnamen, Warenbezeichnungen u.s.w. in diesem Werk berechtigt auch ohne besondere
Kennzeichnung nicht zu der Annahme, dass solche Namen im Sinne der Warenzeichen- und
Markenschutzgesetzgebung als frei zu betrachten wären und daher von jedermann benutzt
werden dürften.

Coverbild: www.purestockx.com

Verlag: VDM Verlag Dr. Müller Aktiengesellschaft & Co. KG
Dudweiler Landstr. 125 a, 66123 Saarbrücken, Deutschland
Telefon +49 681 9100-698, Telefax +49 681 9100-988, Email: info@vdm-verlag.de

Herstellung in Deutschland:
Schaltungsdienst Lange o.H.G., Zehrensdorfer Str. 11, D-12277 Berlin
Books on Demand GmbH, Gutenbergring 53, D-22848 Norderstedt
Reha GmbH, Dudweiler Landstr. 99, D- 66123 Saarbrücken
ISBN: 978-3-639-10019-8

Imprint (only for USA, GB)
Bibliographic information published by the Deutsche Nationalbibliothek: The Deutsche
Nationalbibliothek lists this publication in the Deutsche Nationalbibliografie; detailed
bibliographic data are available in the Internet at http://dnb.d-nb.de.
Any brand names and product names mentioned in this book are subject to trademark, brand or
patent protection and are trademarks or registered trademarks of their respective holders. The use
of brand names, product names, common names, trade names, product descriptions etc. even
without
a particular marking in this works is in no way to be construed to mean that such names may be
regarded as unrestricted in respect of trademark and brand protection legislation and could thus
be used by anyone.

Cover image: www.purestockx.com

Publisher:
VDM Verlag Dr. Müller Aktiengesellschaft & Co. KG
Dudweiler Landstr. 125 a, 66123 Saarbrücken, Germany
Phone +49 681 9100-698, Fax +49 681 9100-988, Email: info@vdm-verlag.de

Copyright © 2008 VDM Verlag Dr. Müller Aktiengesellschaft & Co. KG and licensors
All rights reserved. Saarbrücken 2008

Produced in USA and UK by:
Lightning Source Inc., 1246 Heil Quaker Blvd., La Vergne, TN 37086, USA
Lightning Source UK Ltd., Chapter House, Pitfield, Kiln Farm, Milton Keynes, MK11 3LW, GB
BookSurge, 7290 B. Investment Drive, North Charleston, SC 29418, USA
ISBN: 978-3-639-10019-8

Inhaltsverzeichnis

1 Einleitung

Fast alle Prozesse, die innerhalb eines Unternehmens stattfinden, werden heute durch IT-Systeme unterstützt. So findet sich innerhalb der meisten Unternehmen eine Vielzahl an verschiedenen IT-Systemen, die betrieben und gewartet werden müssen. Für die meisten Arbeitsplätze ist ein Arbeiten ohne Computer kaum noch vorstell- und leistbar. Dies hat zur Folge, dass ein Systemausfall oft zu direktem Arbeitsausfall führt. Um solche Arbeitsausfälle so gering wie möglich zu halten, ist im Problemfall ein zeitnaher und kompetenter Support notwendig.

Um eine solche konstante und qualifizierte IT-Unterstützung gewährleisten zu können, haben sich zunehmend unternehmensinterne Dienstleistungsstellen in Form von IT-Abteilungen und Rechenzentren entwickelt. Im Gegensatz zu externen Dienstleistern verfügend solche internen IT-Dienstleister über eine genaue Kenntnis der Systemlandschaft und Bedürfnisse des jeweiligen Unternehmens und sind mit den Arbeitsabläufen und Prozessen vertraut.

Zu den Aufgaben dieser unternehmensinternen Dienstleistern gehört es, die im Unternehmen eingesetzten Systeme zu entwickeln oder zu kaufen, sie anzupassen, zu installieren, zu betreiben und zu warten. Auch Benutzersupport und Schulungen werden oft durch diese internen IT-Dienstleister angeboten. Beinahe jede Abteilung nimmt solche internen Leistungen in Anspruch. Die Frage, wie diese Leistungen aus Sicht der Kostenrechnung behandelt werden müssen, ist jedoch nach wie vor unklar. Fest steht jedoch, dass die Abnehmer der IT-Leistungen eine verursachungsgerechte und transparente Abrechnung fordern.

Im Rahmen dieses Buches soll diskutiert werden, inwieweit eine verursachungsgerechte Abrechnung von internen IT-Dienstleistungen umgesetzt werden kann und welche möglichen Vorgehensweisen dabei angewendet werden können.

Dabei wird in Kapitel 2 wird zunächst auf innerbetriebliche Leistungen und die dabei relevanten Einflussfaktoren eingegangen. Im Anschluss werden die beiden in Frage kommenden Arten der Verrechnung beschrieben: die Kostenumlage in Kapitel 3 und die Verwendung von Verrechnungspreisen in Kapitel 4. Auf die spezifischen Anforderungen der Verrechnung von IT-Dienstleistungen wird in Kapitel 5 eingegangen. In Kapitel 6 wird die Verrechnung einzelner IT-Projekte untersucht, in Kapitel 7 hingegen die Verrechnung laufender IT-Dienstleistungen. Schließlich wird in Kapitel 8 ein Vorschlag zur praktischen Umsetzung der beschriebenen Verfahren dargestellt und an einem Beispiel erläutert.

2 Grundlagen innerbetrieblicher Leistungen

2.1 Innerbetriebliche Leistungen

Leistungen, die in der betriebswirtschaftlichen Literatur auch oft als Erlöse bezeichnet werden, sind das Ergebnis der im Unternehmen stattfindenden betrieblichen Tätigkeiten. Dabei kann es sich sowohl um Sachgüter als auch um Dienstleistungen handeln.[1]

Innerhalb eines Unternehmens gibt es verschiedene Leistungen, die zum Gesamterlös beitragen. Betrachtet man ein Unternehmen, fallen zunächst die Umsatzerträge auf, also die Erlöse, die aus dem Verkauf von Endprodukten aus dem Produktionsprogramm des Unternehmens stammen. Auch die Erhöhung der Bestände an Halb- und Fertigfabrikaten trägt zum Erlös des Unternehmens bei. Jedoch entstehen im Unternehmensprozess nicht nur Güter, die am Markt abgesetzt werden können, sondern auch solche, die (wieder) im Produktionsprozess eingesetzt werden. Diese Güter bezeichnet man als innerbetriebliche Leistungen, Wiedereinsatzgüter oder auch als sekundäre oder derivative Güter.[2]

Während die Leistungen, die man direkt an den herzustellenden und abzusetzenden Produktarten vornimmt, in den Endkostenstellen erbracht werden, entstehen innerbetriebliche Leistungen meist in Vorkostenstellen. Nur in Ausnahmen können sie auch in Haupt- und Nebenkostenstellen erstellt werden. Vorkostenstellen geben all ihre Leistungen an andere Kostenstellen ab und belasten diese mit den durch die Leistungserstellung bedingten Kosten. Sie erbringen also ausschließ-

---

[1] Hummel/Männel (1990), S. 82.
[2] Schweitzer/Küpper (1998), S. 139.

lich innerbetriebliche Leistungen.[3]

Die rechnungstechnische Behandlung innerbetrieblicher Leistungen bezeichnet man als innerbetriebliche oder interne Leistungsverrechnung, zuweilen auch als Sekundärkostenverrechnung.[4] Im Rahmen der innerbetrieblichen Leistungsverrechnung sollen die Kostenstellen, die innerbetriebliche Leistungen in Anspruch nehmen, mit den für die Leistungserstellung entstandenen Kosten belastet werden. Diese Verrechnung ist notwendig, da auch die Kosten für die innerbetrieblichen Leistungen letztendlich auf die Kostenträger aufgeschlagen werden müssen.[5]

Für die Verrechnung innerbetrieblicher Leistungen kann zwischen verschiedenen Abrechnungssystemen gewählt werden. Dabei kann vor dem Hintergrund des Zeitbezugs mit Ist-, Normal- und Plankosten gearbeitet werden.

Im Rahmen der Istkostenrechnung werden die tatsächlich angefallenen Kosten ohne Änderungen verrechnet. Dadurch wirken sich jedoch zufallsbedingte Kostenschwankungen direkt auf die Selbstkosten aus. Deshalb werden bei der Normalkostenrechnung bestimmte Kosten nicht mit ihren tatsächlichen, sondern mit durchschnittlichen Mengen und Preisen angesetzt, wodurch Zufälligkeiten, die zum Beispiel durch Preisschwankungen am Beschaffungsmarkt oder Störungen im Produktionsablauf entstehen, eliminiert werden.
Im Gegensatz zur Ist- und Normalkostenrechnung ist die Plankostenrechnung keine Vergangenheitsrechnung, sondern auf die Zukunft ausgerichtet. Dabei wird aufgrund von Berechnungen und Messungen, unter Berücksichtigung zukünftiger Erwartungen und Vorgaben, der Kostenanfall vorausberechnet und als Sollvorgabe verwendet. Zusätzlich kann nach dem Ausmaß der verrechneten Kosten auch

---

[3]Kilger (1992), S. 154f.
[4]Coenenberg (1997), S. 79.
[5]Hummel/Männel (1990), S. 213f.

zwischen Voll- und Teilkostenrechnungssystemen gewählt werden.[6]

Im Rahmen der Vollkostenrechnung werden alle angefallenen Kosten auf die einzelnen Kostenträger weiterverrechnet. Sollen jedoch die fixen Kosten den Kostenträgern nicht belastet werden, da diese in der Regel keinen Einfluss auf die Entstehung der Kosten haben, spricht man von einer Teilkostenrechnung.[7]

Ein wesentliches Problem der Verrechnung ist die Zurechenbarkeit der Kosten auf einzelne Kostenträger. Während sich die Einzelkosten direkt auf einzelne Kostenstellen oder Kostenträger zurechnen lassen, fallen Gemeinkosten nicht direkt für ein einzelnes Erzeugnis oder einen einzelnen Auftrag an und können deshalb nur durch Zuschlags- oder Verrechnungssätze auf einzelne Leistungen und Aufträge zugerechnet werden.[8] Eine solche Kostenschlüsselung ist immer dann erforderlich, wenn man im Rahmen einer Vollkostenrechnung anstrebt, alle Kosten, also Einzel- und Gemeinkosten, den Endprodukten, Aufträgen und Mengeneinheiten anzulasten. Sie hat jedoch den Nachteil, dass die Kosten nicht logisch einwandfrei aufgeteilt werden können und daher stets mit Willkür behaftet sind.[9]

2.2 Der innerbetriebliche Markt

Um innerbetriebliche Leistungen verrechnen zu können, müssen diese bewertet werden. Dabei stellt sich die Frage, ob innerbetriebliche Leistungen im selben Maßstab mit Geld bewertet werden müssen wie Leistungen am externen Markt. Transaktionen zwischen Unternehmen oder Personen am externen Markt sind ohne Geld kaum vorstellbar. Doch welche Rolle spielt Geld innerhalb des Unternehmens? Die drei wichtigsten Funktionen von Geld sind sein Gebrauch als Tausch- und Zahlungsmittel, als Recheneinheit und als Wertaufbewahrungsmit-

---

[6]Hummel/Männel (1990), S. 42ff.
[7]Wöhe/Döring (2000), S. 1000ff.
[8]Kilger (1992), S. 14f., 68ff.
[9]Scherz (1998), S. 65f.

tel. Am unternehmensexternen Markt agieren viele Beteiligte, die jeweils eigenes Vermögen besitzen und austauschen können. Deshalb ist die am externen Markt wohl wichtigste Funktion von Geld seine Eignung als Tausch- oder Zahlungsmittel, da es von allen Beteiligten akzeptiert wird und die Wertaufbewahrungsfunktion impliziert.

Innerhalb des Unternehmens finden vergleichbare Austauschprozesse statt. Deren Beteiligte sind Kostenstellen oder Bereiche, die aber im Gegensatz zu den Teilnehmern des externen Marktes kein eigenes Vermögen besitzen. Zwar können sie über ein eigenes Budget verfügen; dieses ist dann jedoch nicht als eigenes Vermögen der Kostenstelle anzusehen, sondern als Teil des Unternehmensvermögens, das die Kostenstellen durchläuft. Transferaktionen, bei denen Leistungen und Kosten innerhalb des Unternehmens ausgetauscht werden, verursachen deshalb keine Veränderung des Unternehmensvermögens, sondern sind lediglich Verlagerungen von Teilen des Vermögens in den einzelnen Kostenstellen. Deshalb ist innerbetrieblich kein objektiver Geldstrom, also keine Verwendung von Bargeld notwendig. Hier ist also die Funktion des Geldes als Recheneinheit von Bedeutung. Diese Funktion ist sehr viel abstrakter als die beiden anderen, oben genannten, Funktionen. Sie ermöglicht es, Leistungen eine gleiche Bezugsgröße zugrunde zu legen und sie auf diese Weise vergleichbar zu machen. Obwohl innerhalb des Unternehmens keine objektiven Geldflüsse stattfinden, ist es wichtig, dass das unternehmensinterne Wertesystem nicht frei gewählt ist, sondern vom externen marktlichen Wertesystem abgeleitet wird. Denn nur wenn das Unternehmen und der Markt über dieselbe Wertedimension verfügen, kann eine Verknüpfung zum Beschaffungsmarkt und dem Absatzmarkt hergestellt werden. Dadurch erhalten die Werte der internen Leistungen eine nachvollziehbare Bezugsbasis, die es möglich macht, Wertsteigerungen durch interne Leistungsprozesse zu erkennen.[10] Dieser Objektivierung der Werte von Leistungen sollte der Ansatz der innerbetrieblichen Leistungsverrechnungspreise gerecht werden. Das

---

[10] Hummel/Männel (1990), S. 46ff.

Fixieren des Wertes einer Leistung und die Abbildung dieses Wertes in Preisen ist jedoch problematisch.[11]

Zusätzlichen Einfluss bei der Bewertung innerbetrieblicher Leistungen hat die Wahl der Werttheorie und des Kostenzurechnungsprinzips. Die beiden bekanntesten Werttheorien sind die objektivistische und die subjektive Werttheorie. Bei der objektivistischen Werttheorie wird der Preis auf Basis der Kosten festgelegt, die für die Erstellung der Leistung entstanden sind. Im Gegensatz dazu ist im Rahmen der subjektiven Werttheorie die subjektive Empfindung des Menschen die Basis der Wertbestimmung der Güter. Hier ergibt sich der Preis durch den vom Käufer empfundenen Nutzen des Gutes. Während sich also die objektivistische Werttheorie auf die Angebotsseite konzentriert, überwiegen bei der subjektiven Perspektive die Interessen der Nachfrageseite. Durch die Wahl einer Werttheorie wird festgelegt, auf welcher Basis die Kosten gebildet werden. Das Kostenzurechnungsprinzip entscheidet, welche Kosten einem bestimmten Kalkulationsobjekt zugerechnet werden sollen.. Das in der Literatur am häufigsten genannte Prinzip der Kostenzurechnung ist das Verursachungsprinzip. Es besagt, dass jeder Kostenträger genau die Kosten tragen soll, die er selbst verursacht hat. Dieses Prinzip ist sich der Zustimmung aller Beteiligten sicher. Schließlich entspricht es dem allgemeinen Gerechtigkeitsdenken insofern, als man nur das verantworten muss, was man auch verschuldet hat und nicht für etwas verantwortlich gemacht wird, womit man nichts zu tun hat. Solange nichts weiter als eine verursachungsgerechte Kostenzurechnung gefordert wird, ist dieses Prinzip inhaltlich recht ungenau. Für eine Verrechnung müssen weitere Regeln zur exakten Bestimmung der Kosten angegeben werden, die als durch ein bestimmtes Kalkulationsobjekt verursacht gelten.[12] So muss unter anderem festgelegt werden, ob bei der Verrechnung nach dem Verursachungsprinzip den Kostenträgern nur die beschäftigungsproportionalen Kosten zuzurechnen

---

[11]Scherz (1998), S. 47f.
[12]Hummel/Männel (1990), S. 53ff.

sind oder ob auch die beschäftigungsfixen Kosten verursachungsgerecht auf die Kostenträger verrechnet werden können.[13]

Eine spezielle Interpretation des Verursachungsprinzips ist das von Riebel entwickelte Identitätsprinzip. Es besagt, dass die bei der Leistungserstellung angefallenen Kosten, auf die Entscheidung, dass die Leistung erstellt werden soll, zurückzuführen sind und dementsprechend zugeordnet werden sollten. Dadurch lassen sich vor allem die Einzelkosten verrechnen.[14] Ist keine kausale Beziehung zwischen angefallenen Kosten und einer Kostenstelle bzw. einem Kostenträger feststellbar, kommen andere Zurechnungsprinzipien zur Anwendung.

Die bekanntesten sind das Durchschnittsprinzip (auch Kostenanteilsprinzip genannt) und das Tragfähigkeitsprinzip.

Beim Durchschnittsprinzip wird ein Kostenblock durch Division auf homogene Untereinheiten aufgeteilt, indem die Gesamtkosten einfach durch die Anzahl der innerhalb einer Periode produzierten, sich voneinander unterscheidenden Produkte dividiert werden. Diese Form der Kostenzurechnung kann jedoch nicht verwendet werden, wenn sehr verschiedenartige Erzeugnisse hergestellt werden.[15]

Beim Tragfähigkeitsprinzip hingegen ist die Tragfähigkeit der Kostenstellen das Kriterium zur Verteilung der Kosten. Als Maß für die Belastbarkeit wird meistens der Überschuss der Erlöse über die direkt zurechenbaren Kosten verwendet, woraus sich die relative Gewinnsituation der einzelnen Einheit ergibt. Dabei wird diejenige Einheit am stärksten belastet, die am ertragsstärksten ist. Im Gegenzug hat eine ertragsschwache Einheit einen geringeren Anteil der Kosten zu übernehmen.[16] Auf diese Weise werden jedoch die Kostenstellen, die aufgrund besonders hoher Anstrengungen höhere Überschüsse erzielt haben, auch stärker belastet als die Bereiche, die weniger Überschüsse erzielen, weil sie etwa fehlerhaft gearbeitet haben oder weniger produktiv waren. Auf diese Weise werden die

---

[13]Wöhe/Döring (2000), S. 1105f.
[14]Riebel (1990), S. 77, 389.
[15]Wöhe/Döring (2000), S. 1105f.
[16]Scherz (1998), S. 75f.

erfolgreichen Kostenstellen regelrecht bestraft. Eine derartige Verrechnung findet nur wenig Akzeptanz und wirkt demotivierend. In der Praxis wird sie deshalb kaum eingesetzt.[17]

2.3 Geschäftsbereichsorganisation

Im Rahmen der innerbetrieblichen Leistungsverrechnung steht der Austausch von Leistungen zwischen einzelnen Teilen des Unternehmens im Vordergrund. Durch die Organisationsstruktur wird bestimmt, aus welchen Teilen sich ein Unternehmen zusammensetzt und auch, welche Teile des Unternehmens miteinander kommunizieren. Es gibt verschiedene Varianten die Organisationsstruktur eines Unternehmens zu gestalten. Ein für die Gestaltung von Verrechnungspreisen besonders relevanter Ansatz ist die divisionale Organisation (auch als Geschäftsbereichsorganisation, Spartenorganisation, Profit-Center-Organisation oder Divisionalisierung bezeichnet), bei der eine Zentralisation nach Objektgesichtspunkten (zum Beispiel nach Produkten, Kunden oder Regionen) vorgenommen wird.[18] Je nach Grad der Verantwortlichkeit, die dem Leiter des Geschäftsbereichs zugestanden wird, unterscheidet man fünf Arten von Divisionen, sogenannte Responsibility-Center.[19]

Im **Expense Center** wird von zentraler Stelle ein Kostenbudget vorgegeben, für dessen Einhaltung die Leiter des Centers verantwortlich sind. Der Verantwortungsbereich erstreckt sich nur über die durch das Center getätigten Ausgaben, die im Rahmen einer Budgetkontrolle gemessen werden.

Im Rahmen eines **Cost Centers** wird die Höhe des Outputs durch eine zentrale Stelle vorgegeben, die Aufgabe der Leiter des Centers besteht also in einer Minimierung des Inputs in Form von Kosten.

Die Leiter eines **Revenue Centers** sind zwar mit Umsatzverantwortlichkeit auf der

---

[17]Hummel/Männel (1990), S. 58f.
[18]Coenenberg (1997), S. 529ff.
[19]Kreuter (1997), S. 10.

Erlösseite ausgestattet, jedoch haben sie keinen direkten Einfluss auf die Kosten-seite.[20]

Profit Center sind organisatorisch und rechnungstechnisch abgeschlossene Teil-bereiche, deren Leiter über Eigenverantwortlichkeit sowohl auf der Kosten- als auch auf der Erlösseite verfügen. Ihre Aufgabe besteht in der Gewinnmaximie-rung bei einem gegebenem Kapitaleinsatz. Sie werden über ihren Gewinn, also die Differenz ihrer Aufwendungen und Erträge, bewertet.

Verantwortliche eines **Investement Centers** verfügen über die am weitest rei-chende Autonomie. Hier dürfen die Bereichsleiter auch Investitions- bzw. Desin-vestitionsentscheidungen treffen, die das langfristige Fremd- und Eigenkapital be-treffen. Die Beurteilung von Investement Centern basiert auf der Rendite, also auf dem am investierten Kapital relativierten Gewinn der Division.[21]

Wie bereits in der Beschreibung der einzelnen Centertypen angedeutet wurde, sieht die divisionale Organisation auch zentrale Bereiche vor, die unternehmens-übergreifende Aufgaben und Entscheidungen wahrnehmen und Dienstleistungen für alle oder mehrere Geschäftsbereiche erbringen. Diese Service Center wer-den im allgemeinen als Cost Center geführt.[22] Für diese Zentralbereiche stellen Verrechnungspreise wichtige Steuermechanismen dar, die genutzt werden kön-nen um zu verhindern, dass in den Divisionen Suboptima entstehen, die kein Gesamtoptimum bilden.

Je nachdem, welchem Responsibility-Center-Typ eine Kostenstelle zuzurechnen ist, wird sie mit ihrer Preispolitik verschiedene Ziele verfolgen. Ist zum Beispiel ein Rechenzentrum als Expense- Center organisiert, wird es sich bemühen, seine Kunden innerhalb des Unternehmens zu einem mäßigen Verbrauch an Platten-speicher zu animieren und dafür seine Preispolitik als Instrument verwenden. Im Gegensatz dazu kann ein Rechenzentrum, dass als Profit-Center organisiert ist,

---

[20]Coenenberg (1997), S. 531.
[21]Kreuter (1997), S. 11.
[22]Coenenberg (1997), S. 532f.

eine ganz andere Preis-Strategie verfolgen. Solange seine Kosten durch die zahlenden Kunden mindestens gedeckt sind, besteht hier kein Interesse daran die Anwender zu beschränken, sondern den Gewinn zu maximieren. Auch die Frage, ob eine Abteilung überhaupt Gewinn erwirtschaften darf ist vom Center-Typ abhängig.

2.4 Typen innerbetrieblicher Leistungsverflechtung

Auf welche Weise die innerbetrieblichen Leistungen auf die Kostenstellen und Kostenträger verrechnet werden, ist auch davon abhängig, wie die innerbetrieblichen Leistungsverflechtungen gestaltet sind.

In der Regel findet zwischen den Kostenstellen eines Betriebes ein ständiger Leistungsaustausch statt. Innerhalb eines jeden Unternehmens gibt es Leistungsverflechtungen von unterschiedlicher Reichweite und Komplexität. Man unterscheidet vier Grundtypen innerbetrieblicher Leistungsverflechtungen, die im Folgenden beschrieben werden.[23]

Innerbetriebliche Leistungsverflechtungen vom **Typ I** stellen den einfachsten Fall dar. Dabei fließen hier alle Leistungen aus einer Kostenstelle als einstufiger, einseitiger und nur in eine Richtung fließender Leistungsstrom in eine einzige nachgelagerte Kostenstelle. In der Praxis werden in diesem Fall meist die beiden Kostenstellen zu einer zusammengefasst. Es wird nur dann eine getrennte Abrechnung für beide Kostenstellen vorgenommen, wenn die beiden Kostenstellen zum Beispiel unterschiedlichen Verantwortungsbereichen angehören und deshalb separat behandelt werden sollen.

---

[23]Hummel/Männel (1990), S. 211ff.

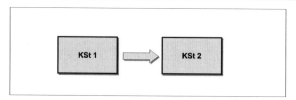

Abbildung 2.1: Innerbetriebliche Leistungsverflechtung vom Typ I

Leistungsverflechtungen vom **Typ II** ähneln denen vom Typ I insofern, als hier ebenfalls ein einstufiger, einseitiger und nur in eine Richtung fließender Leistungs-strom stattfindet. Der Unterschied besteht darin, dass bei Leistungsverflechtun-gen vom Typ II die leistungserstellende Kostenstelle ihre Leistungen nicht nur an eine, sondern an mehrere nachgelagerte Kostenstellen weitergibt. Gerade bei der Verrechnung von Gemeinkosten ist diese Differenz zu Typ I von großer Bedeu-tung, da die Gemeinkosten bei Verflechtungen vom Typ II zugeschlüsselt werden müssen.

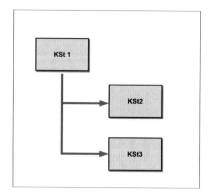

Abbildung 2.2: Innerbetriebliche Leistungsverflechtung vom Typ II

Bei Leistungsverflechtungen vom **Typ III** ist ebenfalls ein einseitiger und in eine Richtung fließender Leistungsstrom vorhanden, jedoch ist dieser im Gegensatz zu den bisher betrachteten Leistungsflüssen mehrstufig. Das bedeutet, dass sich der Leistungsstrom über mehrere, im betrieblichen Leistungserstellungsprozess hintereinandergeschaltete, Kostenstellen erstreckt. Die Stellen, die am Ende des Leistungsflusses stehen, empfangen von mehreren, auf verschiedenen Stufen stehenden, Vorkostenstellen Wiedereinsatzleistungen.

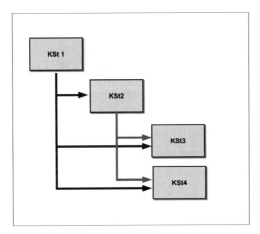

Abbildung 2.3: Innerbetriebliche Leistungsverflechtung vom Typ III

Leistungsverflechtungen vom **Typ IV** sind besonders komplex, da die Leistungsströme hier in mehrere Richtungen fließen.Die in Abbildung 2.4 dargestellte Situation ist die einfachste Variante vom Typ IV. Solche wechselseitigen Leistungsverflechtungen können auch zwischen vielen Kostenstellen über mehrere Stufen hinweg bestehen.

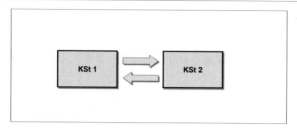

Abbildung 2.4: Innerbetriebliche Leistungsverflechtung vom Typ IV

Innerhalb eines Unternehmens können alle vier Grundtypen auftreten, wobei das Volumen und die Komplexität der innerbetrieblichen Leistungsströme vom Ausmaß der Eigenherstellung des Unternehmens abhängen. So ergeben sich bei kleinen Unternehmen, die viele Fremdleistungen in Anspruch nehmen, weit weniger und einfachere innerbetriebliche Leistungsströme als in mittleren und großen Unternehmen, die zahlreiche Wiedereinsatzleistungen selbst erstellen und bei denen die innerbetrieblichen Leistungsströme oft ein erhebliches Ausmaß annehmen. Die verschiedenen Typen der Leistungsverflechtung stellen jeweils unterschiedliche Anforderungen an die Art und die Methode der Verrechnung der innerbetrieblichen Leistungen.[24] Es gibt zwei verschiedene Ansätze, wie die Verrechnung innerbetrieblicher Leistungen stattfinden kann: durch Kostenumlage oder durch Verrechnungspreise. Die traditionelle Kostenrechnung sieht die Weiterwälzung der Kosten im Rahmen von Kostenumlageverfahren vor. Dabei werden alle für die Vorkostenstellen erfassten Kosten auf die verbrauchenden Kostenstellen weitergewälzt. Dieser Umlageprozess ist erst dann abgeschlossen, wenn alle Kosten auf die Endkostenstellen weitergewälzt worden sind, da alle innerbetrieblichen Leistungen letztendlich für die Erstellung der Kostenträger erbracht wurden. Dort werden sie dann im Rahmen der Kostenträgerrechnung auf einzelne Absatzleistungen des Unternehmens zugerechnet.[25] Für diesen Weiterwälzungsvorgang wird in der Literatur meist der Begriff „Umlage", gelegentlich auch der Begriff „Verrechnung" verwendet. Auf die einzelnen Verfahren zur Kostenumlage

---

[24]Hummel/Männel (1990), S. 211.
[25]Scherz (1998), S. 69f.

wird in Kapitel 3 näher eingegangen.

In letzter Zeit hat sich jedoch die Verrechnung durch feste Verrechnungspreise immer stärker durchgesetzt. Dabei werden die zu zahlenden Preise für die einzelnen Leistungen im Voraus vereinbart. Dieses Vorgehen wird in Kapitel 4 erläutert.

3 Umlageverfahren für die Kosten innerbetrieblicher Leistungen

3.1 Anteilige Kostenumlage

Das einfachste Verfahren zur Kostenumlage von innerbetrieblichen Leistungen ist die anteilige Kostenumlage. Sie eignet sich besonders gut für einstufige, einseitige Leistungsströme, wie die in Kapitel 2.4 beschriebenen vom Typ I und II.

Bei diesem Verfahren werden die Kosten einer leistenden Kostenstelle anteilig auf die Kostenstellen verteilt, welche die Leistungen empfangen. Zur Verteilung der Gemeinkosten werden meist feste, bestands- oder bewegungsgrößenbezogene Schlüssel verwendet. Jedoch lassen sich die fixen Kosten der Hilfskostenstellen auch unter Verwendung von Bezugsgrößen, die den Leistungsstrom optimal abbilden, nur anteilig zuschlüsseln, nicht aber eindeutig zurechnen.[1]

Bei diesem Verfahren kann mit verschiedenem Detaillierungsgrad vorgegangen werden. Eine Variante mit geringem Detaillierungsgrad sieht vor, alle in einer Vorkostenstelle anfallenden Primärkosten zu summieren und im Anschluss auf die empfangenden Kostenstellen zu verteilen. Die Umlage kann aber auch sehr viel detaillierter vorgenommen werden, indem die einzelnen Primärkostenarten bei der Umlage getrennt gehalten werden. Dafür muss allerdings nicht jede Primärkostenart separat verrechnet werden. Stattdessen ist es ausreichend, wenn bei der Umlage der Kosten außer der Höhe des Umlagesatzes auch dessen anteilige Zusammensetzung festgehalten wird. Anschließend können die Kosten summa-

---

[1] Hummel/Männel (1990), S. 217ff.

risch verteilt und die einzelnen Primärkostenarten nachträglich über deren Prozentanteile der gesamten umgelegten Kosten wieder herausgerechnet werden. Diese detaillierte Form der Kostenumlage ermöglicht es den Kostenstellen nachzuvollziehen, welche von ihr in Anspruch genommenen innerbetrieblichen Leistungen in welchen Anteilen zugeteilt werden.[2]

Die anteilige Kostenumlage ist eine gesamtleistungsbezogene Kostenumlage; das bedeutet, sie bezieht sich nicht auf eine einzelne, einmalig erbrachte Leistung, sondern auf eine kontinuierlich erbrachte Leistung, die periodisch abgerechnet wird. Die bei der Leistungserstellung entstehenden Kosten werden als Einzelkosten der Leistungseinheiten erfasst. Der Umlagesatz wird aus der Division der gesamten Primärkosten der leistenden Kostenstelle durch das abgegebene Leistungsvolumen in der betreffenden Periode ermittelt und mit der Menge der von der entsprechenden abnehmenden Kostenstelle verbrauchten Leistungseinheiten multipliziert. Jedoch ist dieses Verfahren auch nur dann geeignet, wenn die leistenden Kostenstellen ausschließlich homogene Leistungen erbringen, für die nach Möglichkeit nur mengenproportionale Kosten anfallen und die nicht zwischengelagert werden. Ist eines dieser Kriterien nicht erfüllt, empfiehlt es sich, die Leistungen einzeln abzurechnen und dafür eines der in Kapitel 3.4 beschriebenen Verfahren zur Umlage von Einzelleistungen zu verwenden. Außerdem ist anzumerken, dass eine gesamtleistungsbezogene Kostenumlage immer ungenauer ist als eine einzelleistungsbezogene Umlage, da in der letzteren auch verbrauchs- und preisbedingte Schwankungen des Kostenanfalls berücksichtigt werden können.[3]

---

[2]Hummel/Männel (1990), S. 221f.
[3]Hummel/Männel (1990), S. 216f.

3.2 Kostenstellenumlageverfahren

Im Gegensatz zu einstufigen Leistungsströmen vom Typ I und II ist die Kostenumlage bei mehrstufigen Leistungsströmen, also solchen vom Typ III, etwas komplizierter, da hier leistende Kostenstellen auch selber Leistungen empfangen können. Dies allerdings mit der Einschränkung, dass sie keine Leistungen von den Kostenstellen empfangen können, an die sie selber liefern (denn dann würde es sich um wechselseitige Leistungsströme, also solche vom Typ IV handeln). Für solche mehrstufigen einseitigen internen Leistungsströme vom Typ III können sogenannte Kostenstellenumlageverfahren verwendet werden.[4]

Im Rahmen von Kostenstellenumlageverfahren werden sämtliche in den Vorkostenstellen angefallenen primären Kosten periodenbezogen über gemessene Mengeneinheiten oder geschätzte Prozentsätze auf die Kostenstellen umgelegt, welche die Leistungen bezogen haben.[5] Durch diese Umlage werden die primären Kosten aller Vorkostenstellen zu sekundären Kosten der leistungsempfangenden Kostenstellen. Um diese Umlage zu erleichtern, richtet man für die Kosten der innerbetrieblichen Leistungen eigene Hilfskostenstellen ein, die rechnungstechnisch als Vorkostenstellen behandelt werden.[6] Es gibt verschiedene Kostenstellenumlageverfahren, von denen die bekanntesten das Anbauverfahren und das Stufenleiterverfahren sind.

Das **Anbauverfahren** ist das einfachste Verfahren der Kostenstellenumlage. Dabei werden die Primärkosten aller Vorkostenstellen direkt auf die Endkostenstellen umgelegt. Die Umlagesätze werden, wie bei der anteiligen Kostenumlage, gebildet, indem man die primären Kosten der sekundären Kostenstellen durch die gesamten an die Hauptkostenstellen gelieferten Mengeneinheiten dividiert.[7] Die Verteilung auf die Hauptkostenstellen erfolgt dann durch Multiplikation der Kosten

---

[4]Hummel/Männel (1990), S. 224.
[5]Schweitzer/Küpper (1990), S. 141f.
[6]Hummel/Männel (1990), S. 226.
[7]Kilger (1992), S. 183.

pro Leistungseinheit mit der Zahl der auf die jeweiligen Hauptkostenstellen entfallenden Leistungseinheiten.[8] Um auch Leistungsflüsse vom Typ III berücksichtigen zu können, gibt es eine Erweiterung des Anbauverfahrens, das sogenannte zweistufige Anbauverfahren. Dabei werden die sekundären Kostenstellen in zwei Gruppen unterteilt, wobei in der zweiten Gruppe die von der ersten Gruppe erhaltenen Leistungen berücksichtigt werden; die gegenläufigen Leistungen (von der zweiten an die erste Gruppe) bleiben jedoch weiterhin unberücksichtigt. Dieses Verfahren führt zu besseren Ergebnissen als das einstufige Anbauverfahren, bei dem der gegenseitige Austausch der sekundären Kostenstellen völlig unberücksichtigt bleibt; dennoch kann man nicht von einer verursachungsgerechten oder genauen Umlage der Kosten sprechen.

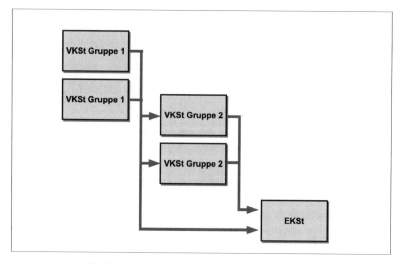

Abbildung 3.1: Das zweistufige Anbauverfahren

---

[8]Wöhe/Döring (2000), S. 1127f.

Im Gegensatz dazu ermöglicht das Stufenleiterverfahren, auch Stufenverfahren, Treppenverfahren oder Stufenumlage genannt, eine weitaus genauere Verrechnung. Es eignet sich besonders für mehrstufige, einseitige Leistungsströme, also solche vom Typ III.[9] In der Praxis wird es zum Teil auch für Leistungsströme vom Typ IV verwendet, wobei die wechselseitigen Leistungsverflechtungen bewusst außer Acht gelassen werden, um die Kostenumlage zu vereinfachen. Durch dieses Weglassen von Leistungsflüssen werden jedoch Rechenfehler in Kauf genommen. Um diese möglichst gering zu halten[10], legt man die Abrechnungsreihenfolge so fest, dass jede Kostenstelle nur von den ihr vorgelagerten Kostenstellen Leistungen empfängt und nur an die ihr nachgelagerten Kostenstellen Leistungen abgibt. Das bedeutet, dass die im Abrechnungsfluss an erster Stelle stehende Kostenstelle von keiner anderen Stelle Leistungen empfangen, aber an alle anderen Kostenstellen Leistungen abgeben kann. Meist stehen deshalb die allgemeinen Kostenstellen am Anfang des Abrechnungsflusses. Die an letzter Stelle stehende Kostenstelle kann von allen vorgelagerten Kostenstellen Leistungen empfangen, jedoch nur an die Endkostenstellen Leistungen abgeben.[11] Durch eine solche Sortierung wird versucht zu gewährleisten, dass der Umfang der nicht erfassten gegenläufigen Leistungsströme und der daraus entstehenden Fehler so gering wie möglich ist.[12]

Die eigentliche Kostenumlage erfolgt dann, indem man in für die in der Reihenfolge an erster Stelle stehende Kostenstelle die primären Kosten durch die Menge der erstellten Leistungen abzüglich eines eventuellen Eigenverbrauchs dividiert und entsprechend des Leistungsverbrauchs auf die empfangenden Kostenstellen verteilt.[13]

In den folgenden Kostenstellen dividiert man die primären Kosten zuzüglich der von den bereits abgerechneten Sekundärstellen empfangenen sekundären Kosten durch die Menge der erstellten Leistungen, abzüglich eines eventuellen Ei-

---

[9]Hummel/Männel (1990), S. 226.
[10]Coononborg (1007), S. 81.
[11]Schweitzer/Küpper (1998), S. 142.
[12]Coenenberg (1997), S. 81.
[13]Wöhe/Döring (2000), S. 1128f.

genverbrauchs und der an bereits abgerechnete Sekundärstellen gelieferten Mengen. Wie in Abbildung 3.2 zu erkennen ist, wird dieser Abrechnungsgang so lange fortgesetzt, bis die Kosten sämtlicher Vorkostenstellen auf die Endkosten verrechnet worden sind.[14]

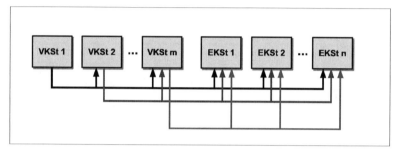

Abbildung 3.2: Das Stufenleiterverfahren

Auf diese Weise wird die Berücksichtigung des gegenseitigen Leistungsaustauschs mit fortschreitender Abrechnung immer genauer. Bei der zuletzt abgerechneten Stelle wird schließlich nur noch der Eigenverbrauch vernachlässigt.[15]

Die Abrechnungsreihenfolge ist das zentrale Element des Stufenleiterverfahrens und an dieser Stelle liegt auch das größte Problem dieses Verfahrens.[16] Die Ergebnisse der Umlage werden nur dann genau wenn es gelingt, die sekundären Kostenstellen in eine Reihenfolge zu bringen, bei der die erste Kostenstelle von keiner anderen Stelle Leistungen bezieht und alle folgenden Kostenstellen nur von bereits abgerechneten Sekundärstellen beliefert werden. Diese Voraussetzung ist in der Praxis nur selten erfüllt. So bleibt nur die Möglichkeit die Reihenfolge so zu wählen, dass die Fehler der innerbetrieblichen Leistungsverrechnung relativ gering ausfallen; ein wirklich genaues verursachungsgerechtes Verfahren

---

[14]Hummel/Männel (1990), S. 226.
[15]Kilger (1992), S. 185f.
[16]Schweitzer/Küpper (1998), S. 142.

ist das Stufenleiterverfahren jedoch nicht.[17]

3.3 Kostenstellenausgleichsverfahren

Wie bereits erwähnt, ist es ein großer Nachteil der bisher dargestellten Verfahren, dass wechselseitige Leistungsverflechtungen, also Leistungsströme vom Typ IV, nicht berücksichtigt werden können. Dies führt zu verfälschten Ergebnissen und zu nicht aussagefähigen Umlagesätzen. Um die Umlagesätze einer Kostenstelle zu ermitteln, müssen alle anfallenden Kosten ermittelt werden, die dann im Anschluss weiterverteilt werden. Das bedeutet aber auch, dass für keine Kostenstelle die eigenen anfallenden Kosten ermittelt werden können, bevor nicht bekannt ist, welche Kosten ihr von der leistungsgebenden Kostenstelle angelastet werden. Sind zwei Kostenstellen nun durch wechselseitige Leistungsströme miteinander verbunden, kann jede der Kostenstellen ihre Gesamtkosten nicht eher ermitteln und verteilen, bis sie nicht mit den Sekundärkosten für die von anderen Stellen bezogenen innerbetrieblichen Leistungen belastet wurde. Auf diese Weise entsteht eine „Deadlock"-Situation. Die einzige Möglichkeit dieses Problem zu umgehen, besteht darin, eine simultane Verrechnung der Kosten sämtlicher innerbetrieblicher Leistungen durchzuführen.[18] Dies wird im Rahmen des Kostenstellenausgleichsverfahren angestrebt. Das Kostenstellenausgleichsverfahrens ist deshalb auch dann einsetzbar, wenn der Leistungserstellungsprozess Schleifen oder Zyklen hat, wenn sich zwei Vor- oder Endkostenstellen direkt oder über eine oder mehrere Kostenstellen hinweg gegenseitig beliefern und auch, wenn die innerbetrieblichen Leistungen von mehreren Kostenstellen und nicht von speziellen Hilfskostenstellen erbracht werden.[19]

---

[17]Kilger (1992), S. 185ff.
[18]Hummel/Männel (1990), S. 230.
[19]Schweitzer/Küpper (1998), S. 143f.

Das Kostenstellenausgleichsverfahren hat verschiedene Ausprägungen: das Gleichungsverfahren und das Iterationsverfahren.

Beim Gleichungsverfahren, das auch Matrixverfahren, Simulationsverfahren oder mathematisches Verfahren genannt wird, ermittelt man die Umlagesätze durch das Formulieren und Lösen eines simultanen Gleichungssystems. Zunächst werden die innerbetrieblichen Leistungsverflechtungen durch ein System linearer Gleichungen erfasst. Dabei gehen die Mengen der innerbetrieblichen Leistungen als bekannte Daten, die gesuchten Umlagen dagegen als unbekannte Größen (also als Variablen) in die Gleichungen ein. Die Anzahl der Gleichungen im Gleichungssystem entspricht dabei der Anzahl der in die Kostenumlage einbezogenen Größen.[20]

Um die Gleichung zu lösen und damit die Kosten der Leistungseinheiten der einzelnen Kostenstellen zu ermitteln geht man davon aus, dass die Summe der Kosten für die an andere Kostenstellen abgegebenen und die von der Kostenstelle selbst verbrauchten Leistungen gleich der Summe der primären und sekundären Kosten der Kostenstelle ist.[21]

Das Gleichungsverfahren kann als das umfassendste Kostenumlageverfahren betrachtet werden. Es berücksichtigt außer wechselseitigen Leistungsflüssen auch einseitige Leistungsverflechtungen als Sonderfall und kann so für innerbetriebliche Leistungsströme vom Typ I, II, III und IV eingesetzt werden.[22] Dabei führt es, im Sinne einer auf Vollkosten basierenden Istkostenrechnung, zu absolut richtigen Verrechnungssätzen[23] und es werden sowohl die gesamten primären und sekundären Kosten jeder Kostenstelle als auch die kostenstellenspezifischen Umlagesätze für verrechnete innerbetriebliche Leistungen ermittelt.[24]

---

[20]Hummel/Männel (1990), S. 230ff.
[21]Wöhe/Döring (2000), S. 1129f.
[22]Hummel/Männel (1990), S. 232.
[23]Kilger (1992), S. 182.
[24]Coenenberg (1997), S. 83.

Gegen den Einsatz dieses Verfahrens wird häufig argumentiert, dass es für die Kostenumlage von Leistungen gerade in größeren Unternehmen mit komplexer Leistungsverflechtung und einer großen Anzahl von Kostenstellen zu langwierig ist und deshalb die Betriebsabrechnung verzögert.[25] Auch wenn die Lösung der Gleichungen heute durch EDV-Unterstützung stark erleichtert und beschleunigt wurde, beinhaltet es dennoch einen Mehraufwand für das Aufstellen der Gleichungen und die zusätzliche Informationsbeschaffung, da hier für die rechnerische Umlage mehr Basisinformationen erhoben werden müssen.[26]

Eine weitere Variante des Kostenstellenausgleichsverfahrens ist das Iterationsverfahren. Es kann ebenfalls eingesetzt werden um eine Kostenumlage bei Leistungsverflechtungen vom Typ IV durchzuführen. Im Gegensatz zum Gleichungsverfahren entstehen die Umlagesätze dabei durch eine schrittweise Annäherung im Rahmen eines iterativen Prozesses. Jede dieser Iterationen nimmt eine vollständige innerbetriebliche Leistungsverrechnung vor, bei der sich die Umlagesätze von Iteration zu Iteration ihrem Optimum annähern.[27]

Bevor mit der ersten Iteration begonnen werden kann, müssen zunächst vorläufige Umlagesätze als Ausgangswerte angegeben werden. Dabei bietet es sich an, zunächst Umlagesätze zu verwenden, welche die Leistungsverflechtungen außer acht lassen. Dafür können zum Beispiel die Summen der Primärkosten der Hilfskostenstellen durch die Anzahl der abgegebenen Leistungseinheiten dividiert werden. Es können aber auch die Verrechnungssätze des Vorjahres oder vollkommen willkürlich festgelegte Werte als Ausgangswerte verwendet werden. Jedoch benötigt man weniger Iterationen, je näher die Ausgangswerte an den optimalen Werten liegen. Hat man Ausgangswerte festgelegt, wird die erste Iteration durchgeführt. Wenn mit den gewählten Umlagesätzen nicht alle Kosten der Hilfskostenstellen auf die Hauptkostenstellen umgelegt worden sind, ergeben

---

[25]Hummel/Männel (1990), S. 232.
[26]Coenenberg (1997), S. 83.
[27]Hummel/Männel (1990), S. 232.

sich Differenzen, die den Hilfskostenstellen als Sekundärkosten zugerechnet werden müssten. Diese Differenzen, bzw. die daraus resultierenden Sekundärkosten der Hilfskostenstellen, stellen den Maßstab für die Genauigkeit der angesetzten Verrechnungssätze dar. Wenn also nach der ersten Iteration Differenzen entstehen, die von nicht vernachlässigbarer Größe sind, wird eine weitere Iteration mit neuen Werten durchgeführt. Die neuen Werte werden gebildet, indem die Differenzen zu den bisherigen Umlagen hinzuaddiert werden und diese Summe durch die Anzahl der von einer Hilfskostenstelle abgegebenen Leistungseinheiten dividiert wird. Dieser Prozess wird so lange durchgeführt, bis keine Differenzen mehr auftreten, bzw. bis eine vorgegebene Grenze unterschritten ist.[28]

Wie das Gleichungsverfahren erfordert auch das Iterationsverfahren Unterstützung durch Informationstechnologie und ist recht zeitintensiv, liefert dafür aber ebenso genaue Verrechnungssätze.[29]

3.4 Kostenumlage bei Einzelleistungen

Alle bisher beschriebenen Verfahren zur Kostenumlage gehen davon aus, dass die von den Kostenstellen erbrachten Leistungen homogen sind, oder zumindest aus Wirtschaftlichkeitsgründen so betrachtet werden, als seinen sie homogen (bzw. mit Äquivalenzziffern gleichnamig gemacht wurden). Ist dies der Fall, so ist eine periodenbezogene Erfassung und Umlage der Leistungen ausreichend. In einigen Fällen ist so ein einfaches Weiterverrechnen der Leistungen nicht möglich, beispielsweise, wenn eine Kostenstelle unterschiedliche (heterogene) innerbetriebliche Leistungen erbringt, wenn innerbetriebliche Leistungen nicht direkt an eine empfangende Kostenstelle weitergegeben, sondern zwischengelagert werden und/oder wenn eine Kostenstelle zu aktivierende Eigenleistungen erstellt. Dann müssen die für die Erstellung der Leistungen angefallenen Kosten geson-

---

[28]Hummel/Männel (1990), S. 234.
[29]Hummel/Männel (1990), S. 232.

dert kalkuliert werden. Dafür wurden verschiedene Verfahren entwickelt. Die beiden wichtigsten sind das Kostenartenverfahren und das Kostenträgerverfahren.[30]

Das Kostenartenverfahren, auch Teilkostenverfahren oder Einzelkostenverfahren genannt, sieht vor, dass die Kostenstellen, die innerbetriebliche Leistungen empfangen, nur mit den für diese Leistungen direkt als Einzelkosten erfassbaren primären Kosten belastet werden. Die Gemeinkosten werden dabei nicht weiterverrechnet, sondern belasten die leistungserstellende Kostenstelle.[31]

Dieses Verfahren ist zwar recht einfach und schnell durchführbar, jedoch bringt es eine Reihe an Nachteilen mit sich. So wird aus diesem Verfahren nicht ersichtlich, welche Gesamtkosten für eine innerbetriebliche Leistung anfallen. Dadurch ist weder eine Kontrolle der Wirtschaftlichkeit möglich, noch ein Vergleich mit Marktpreisen für gleichartige Leistungen durchführbar, was die Entscheidung zwischen Eigenfertigung und Fremdbezug erschwert. Außerdem verbleiben die Gemeinkosten in der leistungserstellenden Kostenstelle, was zu einer Kostenverzerrung führen kann. Diese macht sich besonders dann bemerkbar, wenn die innerbetrieblichen Leistungen in Endkostenstellen erbracht werden. In diesem Fall verbleiben in den Endkostenstellen auch nach der Umlage Kosten, die nicht direkt durch die Kostenträger, sondern durch die Abnehmer der innerbetrieblichen Leistungen verursacht worden sind. Dennoch müssen diese Kosten auf die Kostenträger aufgeschlagen werden, wodurch sich die Zuschlagssätze der Kostenträger verzerren.[32]

Deshalb bietet sich dieses Verfahren höchstens dann an, wenn die Eigenleistungen von Kostenstellen nur nebenbei oder ausnahmsweise erstellt wurden und die übrigbleibenden Gemeinkosten anderweitig umgelegt werden können.[33]

---

[30]Hummel/Männel (1990), S. 236.
[31]Hummel/Männel (1990), S. 236.
[32]Schweitzer/Küpper (1998), S. 141.
[33]Hummel/Männel (1990), S. 237.

Beim Kostenträgerverfahren werden die innerbetrieblichen Leistungen wie Absatzleistungen behandelt und als selbständige Kostenträger abgerechnet.[34] Dafür werden zunächst sämtliche Kosten ermittelt, die für eine bestimmte innerbetriebliche Leistung entstanden sind. Anschließend wird für jeden innerbetrieblichen Auftrag, eine spezielle „Ausgliederungsspalte" im Betriebsabrechnungsbogen erstellt. Dieser werden dann die Einzelkosten und mit Hilfe von Zuschlagssätzen auch die Gemeinkosten für die innerbetriebliche Leistung angelastet. Die leistenden Kostenstellen werden entsprechend entlastet.[35] Dieses Verfahren eignet sich besonders für innerbetriebliche Leistungen, die als zu aktivierende Eigenleistungen behandelt werden.

3.5 Beurteilung der Kostenumlage

Die Kostenumlage ist zwar ein anerkanntes Verfahren für die Verrechnung unternehmensinterner Dienstleistungen, jedoch existieren in der Praxis erhebliche Unsicherheiten und Probleme bezüglich ihrer verursachungsgerechten Anwendung. Für die Kostenumlage spricht, dass in jedem Fall alle Kosten, die für innerbetriebliche Leistungen angefallen sind, auf die Endkostenstellen umgelegt werden und so Eingang in die Kostenträger finden. Gerade im Zuge der Vollkostenrechnung ist dies von Vorteil, da es nicht zu Problemen mit übriggebliebenen Kosten kommen kann.

Doch gerade diese Weiterwälzung der Kosten bringt Probleme mit sich. So müssen die leistungsabnehmenden Kostenstellen alle Kosten tragen, die bei der Leistungserstellung entstanden sind. Zwar werden ihnen die entstandenen Kosten nach Möglichkeit verursachungsgerecht zugeteilt, dennoch haben sie aber keinen direkten Einfluss auf die Höhe der Kosten. Meist wird nicht einmal ersichtlich, wie sich die Kosten, welche die Kostenstellen tragen müssen, zusammensetzen. In der Praxis führt dies häufig zu Unzufriedenheit. Besonders dann, wenn die

---

[34]Hummel/Männel (1990), S. 242.
[35]Schweitzer/Küpper (1998), S. 151f.

zu tragenden Kosten deshalb hoch sind, weil in der liefernden Kostenstelle nicht wirtschaftlich gearbeitet wird. Besonders stark wirkt sich dies aus, wenn die leistungsempfangende Kostenstelle zusätzlich zur Abnahme der Leistungen in einer bestimmten Höhe verpflichtet ist.[36] Auch für die leistungserstellende Kostenstelle kann die Umlage von Kosten nachteilig sein. So sieht die Kostenumlage zum Beispiel nicht die Möglichkeit vor, Gewinne zu erwirtschaften, was im Rahmen von dezentral organisierten Unternehmen jedoch durchaus von Vorteil wäre.

Ein weiterer Nachteil ist, dass für eine funktionierende Kostenumlage im Rahmen einer Istkostenrechnung monatlich für alle Kostenstellen neue Umlagesätze basierend auf den in der letzten Periode (also hier im letzten Monat) angefallenen Istkosten gebildet werden müssen. Dadurch entsteht ein hoher Aufwand.[37] In vielen Unternehmen orientiert man sich bei den auf Bestandsgrößen basierenden Kostenumlagen deshalb an den an einem bestimmten Stichtag vorhandenen Beständen und ändert die Umlagesätze im Laufe des Geschäftsjahres nicht weiter, auch wenn sich die tatsächliche Bestandsmenge oder deren Bestandswert innerhalb dieses Zeitraums verändert.[38] Ein solches Vorgehen verursacht natürlich weitere Ungenauigkeiten in der Kostenrechnung.

Im Laufe der Zeit hat man festgestellt, dass sich die Istkosten für innerbetriebliche Leistungen und damit auch deren Umlagesätze um Durchschnittswerte bewegen. Daraufhin setzte eine Tendenz ein für die innerbetrieblichen Leistungen feste Verrechnungssätze einzuführen. Bald zeigte sich, dass der Einsatz solcher fester Verrechnungspreise mehrere positive Effekte mit sich brachte. Der Trend zum Verrechnungspreis setzte sich weiter durch und damit wurde der Grundsatz der Kostenweiterwälzung von innerbetrieblichen Leistungen aufgegeben.[39] Wie solche Verrechnungspreise entstehen und welche Vorteile sie haben, soll in Kapitel 4 erläutert werden.

---

[36] Scherz (1990), S. 09ff.
[37] Kilger (1988), S. 32.
[38] Hummel/Männel (1990), S. 218.
[39] Kilger (1988), S. 32f.

4 Verrechnungspreise für innerbetriebliche Leistungen

4.1 Funktionen von Verrechnungspreisen

Unter einem Verrechnungspreis versteht man einen Wert „der bei der internen Erfassung für den Transfer von Gütern oder Dienstleistungen bzw. die Nutzung gemeinsamer Ressourcen und Märkte zwischen wirtschaftlich selbstständigen Bereichen innerhalb eines Unternehmens angesetzt wird".[1] Dabei wird der Verrechnungspreis stets im Voraus festgelegt, im Gegensatz zu den Kostenumlagen, die erst nach der Leistungsabgabe entstehen.

Auch wenn der eigentliche Grund für den Einsatz von Verrechnungspreisen zunächst nur die Zeitersparnis war, die dadurch realisiert werden konnte, dass nicht mehr monatlich neue Umlagesätze errechnet werden mussten, stellte man bald fest, dass sich durch den Einsatz von festen Verrechnungspreisen auch weitere sinnvolle Effekte ergaben.

Verrechnungspreise lassen sich auf Grund ihrer verschiedenen Funktionen auf vielfältige Weise im Unternehmen einsetzen. Die vier Hauptfunktionen, die Verrechnungspreise erfüllen können, sind die Lenkungsfunktion, die Erfolgsermittlungsfunktion, die Motivationsfunktion und die Abrechnungsfunktion. Im Folgenden sollen diese Funktionen näher erläutert werden, wobei zu beachten ist, dass die einzelnen Funktionen stark interdependent sind und durchaus in Zielkonflikt

---

[1] Coenenberg (1997), S. 524.

zueinander stehen können.[2]

Die Lenkungsfunktion

Gerade bei einer divisionalen Organisationsstruktur besteht die Gefahr, dass die Divisionsleiter zwar Bereichsoptima erreichen, jedoch die Summe dieser Suboptima nicht einem Gesamtoptimum für das Unternehmen entspricht. An dieser Stelle können Verrechnungspreise eingesetzt werden, die solche Entscheidungsinterdependenzen bestmöglich aufeinander abstimmen, indem sie dafür sorgen, dass kurzfristig die Produktionsfaktoren optimal genutzt werden sollen, langfristig aber die selbstständigen Teilbereiche im Hinblick auf das Gesamtunternehmensziel agieren. In diesem Sinne haben Verrechnungspreise Lenkungs- und Koordinationsfunktion.[3,4]

Die Erfolgsermittlungsfunktion

Immer häufiger stellen die Teilbereiche eines Unternehmens einen rechnungsmäßig abgrenzbaren Verantwortungsbereich dar. Dadurch wird es notwendig, über eine Grundlage für einen getrennten Erfolgsausweis zu verfügen. Besonders beim Profit-Center, bei dem sich die Verantwortung auf die Beschaffungs- und Absatzseite bezieht, ist es wichtig, dass der Leistungsgeber entsprechend seiner Leistung auch Erträge ausweisen kann und der Leistungsnehmer entsprechende Aufwändungen. So kann der Gesamterfolg in Teilerfolge zerlegt werden und die einzelnen Profit-Center können ihre Gewinne ausweisen, nach denen sie dann beurteilt werden. Damit erfüllen Verrechnungspreise auch die Funktion einer Effizienzkontrolle bzw. einer Wirtschaftlichkeitskontrolle der einzelnen Einheiten.[5,6]

---

[2]Scherz (1998), S. 114ff.
[3]Coenenberg (1997), S. 524.
[4]Scherz (1998), S. 118.
[5]Coenenberg (1997), S. 525f.
[6]Scherz (1998), S. 118f.

Die Motivationsfunktion

Aufbauend auf die Erfolgsermittlungsfunktion können Verrechnungspreise auch motivatorische Effekte haben. Grundsätzlich geht man davon aus, dass sich ein hoher Grad an Autonomie positiv auf die Motivation der Mitarbeiter, zumindest aber der Bereichsleiter, auswirkt. Diese Autonomie kann sich in der Entscheidungsgewalt über anzusetzende Verrechnungspreise äußern. Wenn die Bereichsleiter und die Mitarbeiter direkten Einfluss auf die Verrechnungspreise und damit auf den zu erzielenden Gewinn des Bereichs haben, kann dies auch einen gewissen internen Wettbewerb auslösen.

Allerdings sind diese Effekte nur schwer greifbar. Die Wirkungen der Verrechnungspreise müssten über den Erfolg der Einheiten festgestellt werden. Welcher Anteil des Erfolgs auf die Motivation der Mitarbeiter zurückzuführen ist, ist jedoch selbst durch eine empirische Messung nur schwer feststellbar.

Zudem ist diese motivierende Wirkung nur schwer mit der Lenkungsfunktion der Verrechnungspreise vereinbar. Denn wenn die hier angenommenen, aus der Autonomie der Bereiche und Bereichsleiter resultierenden, Motivationswirkungen real sind, dann haben steuernde Eingriffe durch eine Zentralinstanz und die daraus resultierende Autonomiebeschneidung eine demotivierende Wirkung. Da diese Werte aber nicht, oder nur schwer, messbar sind, sollten sie mit Vorsicht behandelt werden.[7]

Die Abrechnungsfunktion Meist wird die Abrechnungsfunktion von Verrechnungspreisen als selbstverständlich hingenommen, dennoch muss sie als Funktion erwähnt werden. Schließlich müssen die Verrechnungspreise Daten für die Kostenkalkulation der betrieblichen Leistungserstellung liefern. Dadurch wird dann die handels- und steuerrechtliche Bilanzierung, die Betriebsabrechnung, die Kalkulation und die Ermittlung von Preisgrenzen ermöglicht, bzw. erleichtert.[8]

---

[7]Scherz (1998), S. 119ff.
[8]Coenenberg (1997), S. 524.

4.2 Arten von Verrechnungspreisen

4.2.1 Kostenorientierte Verrechnungspreise

Beim Prinzip der Kostenorientierung von Verrechnungspreisen geht man davon aus, dass innerbetriebliche Leistungen noch keinen Marktwert haben, sondern stattdessen als bewertbarer Werteverzehr angesehen werden sollten.[9] Daher werden die wertmäßigen Kosten als Basis bei der Bildung der Verrechnungspreise verwendet. Die für die Preisbildung benötigten Informationen können dem betrieblichen Rechnungswesen entnommen werden.[10]

Je nach Verrechnungsumfang und nach Zeitbezug können die kostenorientierten Verrechnungspreise unterschiedlich ausgestaltet werden. Im Folgenden soll auf die wichtigsten Varianten kostenorientierter Verrechnungspreise eingegangen werden.

Grenzkostenorientierte Preise

Auf einer Skala möglicher Verrechnungsumfänge stellen die Grenzkosten den niedrigsten Kostenansatz dar, der für die Bildung von Verrechnungspreisen Verwendung finden kann. Sofern kein Engpass auftritt, können die Grenzkosten als Basis für Verrechnungspreise angesetzt werden um ein Gesamtoptimum für das Unternehmen zu erreichen. Zur Erfolgsermittlung der einzelnen Bereiche kann dieser Ansatz jedoch nicht verwendet werden, da hier der Leistungsgeber keine Möglichkeit hat, seine Fixkosten zu verrechnen, wohingegen sich der Leistungsnehmer durch die marktliche Verwertung der Leistung, den gesamten Erfolg zurechnen kann. So ist eine objektive Betrachtung der Wirtschaftlichkeit der einzelnen Bereiche nicht möglich.[11]

---

[9]Scherz (1998), S. 128.
[10]Coenenberg (1997), S. 549.
[11]Scherz (1998), S. 129.

Grenzkosten-plus-Zuschlag-Variante

Der Grenzkosten-plus-Zuschlag-Ansatz ist eine Variante des Grenzkostenansatzes. Dabei werden zu den Grenzkosten verschiedene Zuschläge addiert, die sich aus verschiedenen Fixkostenanteilen zusammensetzen können und die der erbrachten Leistung anteilig zugerechnet werden. Die Höhe der Fixkostenanteile richtet sich dabei nach dem Ziel, das mit der Leistungsverrechnung erreicht werden soll. Diese Variante dient vor allem der Abrechnung der innerbetrieblichen Leistungen, andere Zwecke unterstützt sie weniger.[12]

Variable-Kosten-plus-Zuschlag

Im Gegensatz zu den grenzkostenbasierenden Verrechnungspreisen sollen im Rahmen der Variable-Kosten-plus-Zuschlag die beim Grenzkostenansatz vernachlässigen Fixkosten und ein zusätzlicher Gewinnanteil berücksichtigt werden. Allerdings wird die Zusammensetzung der Verrechnungspreise durch dieses Verfahren für die leistungsempfangenden Bereiche intransparent. So kann mit Preisen, die auf diesem Verfahren basieren, zwar eine Abrechung vorgenommen werden, jedoch erfüllt diese Variante weder eine Lenkungs- noch eine Erfolgszuweisungsfunktion.[13]

Vollkostenbasierende Preise

In der Praxis ist die Ermittlung von Preisen auf Vollkostenbasis, bei der alle Kosten, die in einer leistungserbringenden Einheit anfallen, an die Leistungsnehmer weitergegeben werden, sehr verbreitet. Da nach diesem Prinzip langfristig alle Kosten gedeckt werden sollen, muss der Leistungsabnehmer auch Kosten, wie zum Beispiel Abschreibungen, tragen. Auf diese Weise wird er so gestellt, als würde er die Leistungen selbst erbringen.[14]

Bei diesem Ansatz tritt das Problem auf, das allen Vollkostenrechnungen gemein ist: die meist nicht realisierbare verursachungsgerechte Zurechnung von Gemein-

---

[12]Scherz (1998), S. 129f.
[13]Coenenberg (1997), S. 556.
[14]Coenenberg (1997), S. 549.

kosten. Ist eine leistungsproportionale Zurechnung der Fixkosten nicht möglich, so bedeutet das für die leistungsempfangenden Bereiche, dass sie mit Fixkosten belastet werden, für die sie nicht verantwortlich sind.[15] So dient ein solcher vollkostenbasierender Ansatz in erster Linie abrechnungstechnischen Funktionen.[16]

Vollkosten-plus-Zuschlag-Variante

Beim Vollkosten-plus-Zuschlag-Ansatz wird zu dem auf Vollkosten basierenden Preis ein Zuschlag addiert. Ziel dieser Variante ist es, dass divisional organisierte Bereiche, wie Profit- Center, die Möglichkeit haben, Gewinn zu erzielen. Dieser Gewinn-Zuschlag wird meist in Form eines prozentualen Faktors der Vollkosten realisiert, da sich auf diese Weise die Kosteninformationen nachvollziehen lassen. Allerdings erhält ein auf dieser Methode basierender Verrechnungspreis immer auch eine willkürliche Note, da hier zusätzlich zur nicht verursachungsgerechten Verrechnung der Fixkosten im Rahmen der Vollkostenrechnung auch noch ein relativ willkürlicher Gewinnaufschlag anfällt. Dadurch geht die Objektivität des Verrechnungspreises in gewissem Maße verloren, jedoch unterstützt diese Variante die Motivationsfunktion und das Wesen der Profit-Center-Organisation.[17]

Two-Step-Pricing

Die bisher beschriebenen Varianten zur kostenbasierenden Verrechnungspreisbildung leiden alle unter dem selben Problem: die in den leistungserstellenden Bereichen anfallenden Fixkosten lassen sich nicht verursachungsgerecht auf die Preise zurechnen. Mit dem Two-Step-Pricing wird versucht, dieses Problem der Fixkostenzurechnung zu lösen. Dabei wird in zwei Schritten vorgegangen. Zunächst werden die Leistungen zu variablen Kosten abgerechnet. Auf diese Weise bleibt die Steuerungsinformation der Grenzkosten erhalten. Zusätzlich werden die leistungsempfangenden Bereiche periodisch (zum Beispiel monatlich) mit einem

---

[15]Coenenberg (1997), S. 549.
[16]Scherz (1998), S. 130.
[17]Scherz (1998), S. 130f.

Betrag für die Abdeckung der Fixkosten und dem Gewinn des leistungserstellendes Bereiches belastet.[18] Auch hier steht vor allem die abrechnungstechnische Komponente im Vordergrund; der Erfolgsermittlung und Motivation dient dieses Verfahren weniger.

Knappheitswerte

Wenn innerhalb eines Unternehmens Engpasssituationen entstehen, müssen die Preise anders kalkuliert werden als sonst. Engpässe liegen dann vor, wenn bezüglich der Abnahme einer innerbetrieblichen Leistung eine Konkurrenzsituation besteht, also die Nachfrage der abnehmenden Bereiche nicht gedeckt werden kann. In einem solchen Fall muss der Leistungsgeber die beste Alternative der Verwertung seiner Leistungen finden. An dieser Stelle setzen Knappheitspreise an. Sie werden gebildet, indem zu den Grenzkosten der Deckungsbeitrag der einträglichsten nicht gewählten Alternative addiert wird. Auf diese Weise wird sichergestellt, dass jede beliebige Leistungsabgabe mindestens einen gleich hohen Ertrag erreicht. Allerdings können solche Preise nicht zur Erfolgsermittlung eingesetzt werden, da der ausgewiesene Gewinn darauf beruht, dass die Einheit nicht in der Lage war, die Nachfrage zu befriedigen. Abteilungen, welche die Nachfrage befriedigen können, würden durch einen geringeren Gewinn benachteiligt, was zu einer Verzerrung der Wirtschaftlichkeitsbetrachtung führen würde. Auch die Abrechnungsfunktion kann durch Knappheitswerte nicht erfüllt werden.[19]

Variable Kosten und Gewinnaufteilung

Dieses Verfahren eignet sich besonders dann, wenn die Nachfragesituation instabil ist. Basis für die Verrechnungspreise sind zunächst nur die variablen Kosten, die bei der Leistungserstellung angefallen sind. Später wird der erzielte Gewinn des abnehmenden Bereiches (also der Verkaufspreis seiner Leistung abzüglich der variablen Kosten des liefernden Bereichs und der Kosten des empfangenden

---

[18]Coenenberg (1997), S. 557f.
[19]Scherz (1998), S. 131f.

Bereichs) auf die beiden Bereiche aufgeteilt. So teilen sich beide Bereiche sowohl den Gewinn als auch das Risiko. Jedoch kann dieses Verfahren nicht für alle innerbetrieblichen Leistungen angewendet werden, sondern nur für solche, bei denen die Leistung weiter von der abnehmenden Division abgesetzt wird. Außerdem kann es zu Problemen bei der angemessenen Aufteilung des Gewinns zwischen den Bereichen kommen.[20]

Abschließend kann aus dieser Übersicht über die einzelnen Verfahren der kostenorientierten Verrechnungspreisbildung entnommen werden, dass die Hauptfunktion kostenorientierter Verrechnungspreise in der Abrechnung der innerbetrieblichen Leistungen liegt. Allerdings können in verschiedenen Varianten der Verfahren auch andere Ziele wie Lenkung, Motivation und Erfolgsermittlung in den Vordergrund gerückt werden. Unter der Vielzahl der Verfahren zur kostenorientierten Verrechnungspreisbildung finden sich für jeden kostenrechnerischen Ansatz und für jede Situation passende Verfahren. Diese Vielzahl an möglichen Verfahren zur kostenbasierten Verrechnungspreisfindung ist jedoch auch das größte Problem der kostenorientierten Verrechnungspreise; denn da bei der Preisbildung beinahe beliebige Kosten herangezogen werden können und diese außerdem um Gewinnaufschläge ergänzt werden können, kann kaum noch von einem objektiven und eindeutigen Preis gesprochen werden. Um zu verhindern, dass darunter auch die Akzeptanz der innerbetrieblichen Kunden leidet, müssen klare Regeln aufgestellt werden wie kostenorientierte Verrechnungspreise zu bilden sind, damit deren Transparenz nicht verloren geht.

4.2.2 Marktorientierte Verrechnungspreise

In Kapitel 2.2 wurde festgestellt, dass sich der unternehmensinterne Markt nicht völlig losgelöst vom unternehmensexternen Markt bewegen, sondern dass das unternehmensinterne Wertesystem vom externen marktlichen Wertesystem abgeleitet werden sollte. Diese Anforderung findet sich im marktorientierten Ver-

---

[20]Coenenberg (1997), S. 558.

rechnungspreis wieder. Basis für die Bildung innerbetrieblicher Verrechnungspreise sind bei diesem Ansatz die Preise, die am externen Markt zwischen nicht miteinander durch Konzernstrukturen verbundenen Unternehmen angesetzt werden.

Im Rahmen verschiedener Varianten der Marktpreisorientierung kann sich der Verrechnungspreis am aktuellen Marktpreis der Leistung, am durchschnittlichen Marktpreis der Leistung oder am Marktpreis vergleichbarer marktfähiger Leistungen orientieren. Diese Ansätze können, ähnlich wie bei der Kostenorientierung, durch Abschläge variiert werden. Voraussetzung für den Einsatz von Marktpreisen als Basis für die Preisfindung ist jedoch, dass die Leistung, für die der Preis angesetzt werden soll, eine externe Marktfähigkeit aufweist oder zumindest mit marktfähigen Leistungen vergleichbar ist.[21]

Im Vergleich zu den kostenorientierten Verrechnungspreisen, bei denen die zur Preisermittlung notwendigen Informationen mit recht geringem Aufwand aus dem internen Rechnungswesen bezogen werden können, gestaltet sich die Informationsbeschaffung für Marktpreise sehr viel schwieriger. Besonders bei Marktpreisen, die sich häufig ändern, entsteht dadurch ein hoher Arbeitsaufwand. Zwar ist es denkbar, auf durchschnittliche Marktpreise zurückzugreifen, jedoch sind diese gerade bei IT-Kosten, die starken Schwankungen unterliegen, keine aussagekräftige Größe. Marktorientierte Verrechnungspreise müssen den Marktpreisschwankungen angepasst werden um nicht zu veralten, wobei kurzfristig extrem niedrige Preise einzelner Anbieter in den internen Verrechnungspreisen jedoch nicht berücksichtigt werden sollten, da der Preis dadurch verfälscht wird.[22] Um den Arbeitsaufwand gering zu halten und dabei gleichzeitig sicher zu gehen, dass nicht auf unechte Marktpreise (zum Beispiel Katalogpreise) zurückgegriffen wird, nutzen viele Unternehmen die Möglichkeit, einen Anteil der notwendigen Leistungen extern zu beziehen, obwohl sie intern verfügbar wären. Auf diese Weise

---

[21] Scherz (1998), S. 134ff.
[22] Coenenberg (1997), S. 534ff.

können die Kosten, die für die extern bezogenen Leistungen angefallen sind, als Basis für die internen Verrechnungspreise verwendet werden.[23] Mittlerweile gibt es auch Unternehmen, die aktuelle Preislisten für IT- Dienstleistungen anbieten.[24]

Häufig kommt es jedoch vor, dass die unternehmensinternen Leistungen so spezifisch sind, dass kein Marktpreis für sie identifiziert werden kann. In diesen Fällen kann der Marktpreis einer Substitutionsleistung oder einer vergleichbaren Leistung verwendet werden.[25]

Sind die Marktpreise einer Leistung oder einer vergleichbaren Leistung bekannt, stellt sich die Frage, ob die Preise direkt als Basis übernommen werden können. Schließlich sind in Marktpreisen Bestandteile enthalten, die bei der Verrechnung innerbetrieblicher Leistungen durchaus entfallen können. Solche Anteile sind zum Beispiel Kosten für den Absatz, für Marketing oder für die Absicherung gegen Risiken. Berücksichtigt man die Verbundvorteile, die innerhalb eines Unternehmens gegeben sind, können die Marktpreise für die internen Leistungsempfänger um diesen Anteil reduziert werden.[26] Auf diese Weise wird ein Kostenvorteil für die internen Leistungsempfänger geschaffen, der den internen Bezug von Leistungen fördert. Problematisch dabei ist, dass anhand eines Marktpreises nur schwer ersichtlich ist, welche Anteile für derartige Positionen angesetzt worden sind. Demzufolge ist unklar, um welche Beträge die Marktpreise korrigiert werden sollten. Letztendlich müssen diese Korrekturen weitgehend willkürlich vorgenommen werden, was wiederum dazu führen kann, dass der marktpreisorientierte Verrechnungspreis seine Objektivität und Manipulationsbeständigkeit verlieren kann und in Folge dessen auch an Akzeptanz verliert.[27]

Ein großer Vorteil, der durch den Einsatz von marktorientierten Verrechnungspreisen entsteht ist, dass sie nicht nur einen Vergleich der Leistungsfähigkeit der ein-

---

[23]Scherz (1998), S. 134.
[24]Michels (2008).
[25]Scherz (1998), S. 135.
[26]Coenenberg (1997), S. 547f.
[27]Scherz (1998), S. 137.

zelnen Bereiche untereinander, sondern auch mit externen Anbietern ermöglicht. Auf diese Weise ist es möglich, eine gute Einschätzung der eigenen Leistungsfähigkeit zu erlangen und auch internen Wettbewerb zu erzeugen.[28] Diese Eigenschaften und die Möglichkeit Gewinne zu erzielen, machen marktorientierte Verrechnungspreise gerade auch für modulare Organisationsstrukturen interessant. Auf diese Weise kann der Marktmechanismus auf das Unternehmen übertragen werden und die einzelnen Bereiche verhalten sich zueinander wie selbständig am Markt agierende Unternehmen.[29] Dadurch kann ohne zentrale Steuerung und unter Wahrung der Autonomie der Teilbereiche eine optimale Allokation der Ressourcen im Unternehmen erreicht werden, was zu einer Optimierung des Gewinns der Teilbereiche sowie auch des führt.[30] So können nicht nur Lenkungs-, Abrechnungs- und Gesamtunternehmens Erfolgszurechnungsfunktion, sondern auch die Motivationsfunktion erfüllt werden.[31]

Um die Akzeptanz von marktpreisorientierten Verrechnungspreisen zu steigern kann die sogenannte „Meistbegünstigungsklausel" angewendet werden. Sie besagt, dass einem internen Leistungsnehmer mindestens der niedrigste Preis berechnet wird, der zuvor einem externen Leistungsnehmer verrechnet wurde. Dieser Preis wird auch dann verwendet, wenn der Marktpreis inzwischen gestiegen ist.[32]

Coenenberg stellt für das Funktionieren von marktorientierten Verrechnungspreisen zusätzlich die Bedingung, dass ein vollkommener Markt herrschen muss. Er stellt deshalb zu den oben bereits genannten Bedingungen weitere Forderungen. Unter anderem, dass sowohl der leistungserbringende als auch der leistungsabnehmende Bereich unbedingt einen Zugang zum externen Markt haben müssen. Nur unter diesen Gegebenheiten ist keiner der Bereiche benachteiligt und

---

[28]Scherz (1998), S. 134.
[29]Coenenberg (1997), S. 543f.
[30]Scherz (1998), S. 137.
[31]Coenenberg (1997), S. 534ff.
[32]Scherz (1998), S. 134f.

beide sind in der Lage, eventuell auftretende Beschäftigungsschwankungen am Markt auszugleichen. In diesem Fall ist der Marktpreis auch die beste Alternative, da bei einem höheren Preis der kaufende Bereich benachteiligt wäre, bei einem niedrigeren der liefernde Bereich schlechter gestellt wäre.[33] Eine weitere Forderung lautet, dass die Marktkapazitäten sowohl auf der Absatz- als auch auf der Beschaffungsseite uneingeschränkt sind, dass also der Absatzmarkt für die Produkte der liefernden Division unbeschränkt aufnahmefähig ist und die abnehmende Division in ihrer Bedarfsdeckung keine Beschränkungen erfährt. Nur unter diesen Umständen können in den Bereichen tatsächlich autonome Entscheidungen getroffen werden, andernfalls muss die Produktionskapazität der Bereiche so ausgeschöpft werden, dass das Unternehmensoptimum erreicht wird.[34]

Diese Voraussetzungen eines vollkommenen Marktes sind allerdings in den seltensten Fällen erfüllt. Denn meist sind nicht alle hergestellten Produkte substituierbar, die wirtschaftliche Autonomie ist durch Liefer- und Bezugszwänge beschnitten und die atomistische Wettbewerbsstruktur innerhalb der Unternehmen lässt sich nicht aufrecht erhalten.113 Außerdem kann der Marktpreis in Fällen von Unterbeschäftigung seine Lenkungsfunktion nicht mehr optimal erfüllen, denn der Preis enthält dann nicht realisierte Gewinnbestandteile, die nicht in die Rechnungslegung einbezogen werden dürfen.[35]

---

[33]Coenenberg (1997), S. 535ff.
[34]Coenenberg (1997), S. 541ff.
[35]Gschwend (1987), S. 82.

4.2.3 Verrechnungspreise in Konzernunternehmen

Die Bildung von Verrechnungspreisen innerhalb von Konzernen stellt einen Sonderfall dar. Gerade bei internationalen Konzernen mit Standorten in verschiedenen Ländern ist die Bildung von Konzernverrechnungspreisen unter gesonderten Gesichtspunkten zu betrachten. Konzernverrechnungspreise unterscheiden sich von anderen internen Verrechnungspreisen dadurch, dass sie zwischen rechtlich selbständigen Unternehmen geleistet werden und damit auch effektiv geschuldet werden. Außerdem kann hier der Verrechnungspreis auch für die Verlagerung von Gewinn in Niedrigsteuerländer oder die Umgehung von wirtschaftlichen Restriktionen eine Rolle spielen.[36] Aus diesem Grund unterliegen Konzernverrechnungspreise gesetzlichen Regelungen, auch wenn die Verrechnungspreisfixierung im Unternehmen eigentlich eine interne Angelegenheit ist.

Deshalb verfasste der Steuerausschuss der OECD bereits 1979 Richtlinien zur Bestimmung von Konzernverrechnungspreisen, die seitdem stetig weiterentwickelt wurden. Der darin vorgeschlagene Grundsatz des Fremdverhaltens („dealing at arm's length principle") ist das in der internationalen Steuerpraxis anerkannte Prinzip zur Bestimmung von Verrechnungspreisen.[37] Es besagt, dass Verrechnungspreise zwischen innerhalb eines Konzerns verbundenen Unternehmen mit den Preisen gegenüber Konzernfremden vergleichbar sein müssen. Zwar sind die Richtlinien des OEDC nur Empfehlungen und keine Gesetzesnormen, sie haben jedoch die Funktion eines hochrangigen Rechtsgutachtens. In Deutschland ist die Orientierung am Fremdverhalten aus §1 Abs.1 AStG ableitbar.[38]

Falls Unternehmen, die innerhalb eines Konzerns miteinander verbunden sind, dennoch Geschäfte zu Bedingungen miteinander abschließen, die mit konzernexternen Geschäftspartnern nicht vereinbart worden wären, müssen Steuerkorrekturen erfolgen.[39] Dabei müssen die durch die konzerninternen Leistungsflüsse

---

[36] Coenenberg (1997), S. 566.
[37] Kaminski (2001), S. 11.
[38] Coenenberg (1997), S. 566ff.
[39] Borstell (2001), S. 757.

erzielten Zwischengewinne, sofern sie nicht üblichen Marktbedingungen genügen, gemäß §304 Abs.1 HGB eliminiert werden.[40]

Konzernunternehmen sollten Interesse daran haben, dass ihre Verrechnungspreise vorschriftsgemäß ermittelt und infolgedessen von den Finanzverwaltungen anerkannt werden, damit ihnen eine Korrektur erspart bleibt. Da die Anforderung des Fremdvergleichs jedoch sehr abstrakt ist, bietet das Bundesministeriums für Finanzen sogenannte Verwaltungsgrundsätze, die „Grundsätze für die Prüfung der Einkunftsabgrenzung bei international verbundenen Unternehmen" als praktische Anleitung für die Handhabung des Fremdvergleichs.[41] Auch der OECD selbst empfiehlt in der OECD-Richtlinie 1995 konkrete Methoden, die bei der korrekten Fixierung von Konzernverrechnungspreisen helfen sollen. Im Folgenden sollen diese Methoden beschrieben werden.

Preisvergleichsmethode

Laut OECD ist die Preisvergleichsmethode die Methode, die bevorzugt zu verwenden ist.[42] Sie sieht vor, dass als Basis für die Konzernverrechnungspreise Preise verwendet werden, die voneinander unabhängige Vertragspartner bei vergleichbaren, zurückliegenden Geschäften vereinbart haben.[43] Der Fremdvergleich kann dabei als innerer oder äußerer Preisvergleich durchgeführt werden. Bei einem inneren Preisvergleich werden zurückliegende Transaktionen, die das betreffende Unternehmen mit einem konzernexternen, unabhängigen Dritten durchgeführt hat, als Basis verwendet. Bei einem äußeren Preisvergleich werden amtliche Börsenpreise, Marktpreise oder Geschäftsabschlüsse von vergleichbaren unabhängigen Unternehmungen mit unbeeinflussten Geschäftspartnern zum Vergleich herangezogen. Jedoch treten bei diesem Verfahren die selben Probleme auf, die bereits bei den marktorientierten Verrechnungspreisen festgestellt wurden. So muss auch hier für die Leistung am Markt eine vergleichbare Leis-

---

[40]Baetge (2000), S. 315f., 358f.
[41]Kuckhoff (1997), S. 5.
[42]OECD (2001), Tz. 2.49, 3.49.
[43]OECD (2001), Tz. 2.6.

tung identifiziert werden und ein entsprechender repräsentativer Preis gefunden werden. Außerdem müssen auch die innerbetrieblichen Verbundvorteile beachtet werden und dementsprechende Beträge vom Preis auf dem externen Markt abgezogen werden, was wiederum einen relativ willkürlichen Aspekt mit einfließen lässt.

Wiederverkaufspreismethode

Diese Methode ist für einen spezifischen Sachverhalt geeignet: wenn Verrechnungspreise für Transaktionen ermittelt werden sollen, bei denen zu einem Konzern gehörende Unternehmen innerhalb des Konzerns Waren einkaufen und ohne Weiterverarbeitung oder den Einsatz immaterieller Wirtschaftsgüter weiterverkaufen.[44]

Als Basis für die Verrechnungspreisbildung dient dabei der Preis, zu dem die konzernintern gekaufte Ware an einen unabhängigen, konzernexternen Abnehmer weiterverkauft wird, abzüglich eines Betrages, der die Kosten und gegebenenfalls einen Gewinn des Wiederverkäufers decken soll.[45]

Werden die eingekauften Produkte jedoch vor dem Weiterverkauf erheblich verbessert, gehen in ein weiteres Produkt ein oder werden vor dem Weiterverkauf gelagert, sollte diese Methode nicht angewendet werden, da der vom Weiterverkaufspreis abzuziehende Betrag nicht korrekt ermittelt werden kann.[46] Auch wenn bei der zu bewertenden Leistung kein Weiterverkauf an konzernexterne Dritte erfolgt, kann diese Methode gar nicht angewendet werden, denn in diesem Fall fehlt der für die Verrechnungspreisbasis erforderliche Marktpreis.[47]

---

[44]OECD (2001), Tz. 2.17.
[45]OECD (2001), Tz. 2.14.
[46]OECD (2001), Tz. 2.22.
[47]Kaminski (2001), S. 31.

Kostenaufschlagsmethode

Die Kostenaufschlagsmethode sieht vor, die bei der Erstellung des Produktes angefallenen Vollkosten zunächst in drei Blöcken zu erfassen: den direkten Produktionskosten (Herstellungskosten), den indirekten Produktionskosten (Gemeinkosten) und den allgemeinen Kosten (betriebliche Aufwendungen des Gesamtunternehmens).[48] Dem wird ein Gewinnaufschlag hinzugefügt, der vergleichbaren Fremdgeschäften des Unternehmens entsprechen muss. Für den Fremdvergleich kann eine Orientierung des Unternehmens an Geschäften mit konzernexternen Dritten herangezogen werden. Finden solche Transaktionen nicht statt, können die Aufschlagssätze von unabhängigen vergleichbaren Unternehmen verwendet werden.[49]

Dieses Verfahren eignet sich besonders für die Verrechnung von konzerninternen Halbfertigerzeugnissen oder von Dienstleistungen. Allerdings sind die Ermittlung der Kosten sowie die Bestimmung angemessener Gewinnzuschläge problematisch, da der Bewertungsspielraum recht groß ist und sich die Gemeinkosten nicht verursachungsgerecht zurechnen lassen.

Für Fälle, bei denen keines der drei oben beschriebenen Verfahren zur Verrechnungspreisfixierung eingesetzt werden kann, empfiehlt das OECD transaktionsbezogene Methoden: die Gewinnaufteilungsmethode und die Netto-Margen-Methode. Jedoch werden diese Methoden von der deutschen Finanzverwaltung abgelehnt, weshalb sie höchstens zur Schätzung im Rahmen von Betriebsprüfungen verwendet werden. Zwar ist in einem BFH Urteil vom 17.10.2001 ein Rückgriff auf diese Methoden erlaubt, wenn die Standardmethoden zu keinem angemessenen Gewinn führen, jedoch ist das nur selten wirklich der Fall.[50] Deshalb sollen die beiden Verfahren hier nur kurz skizziert werden.

---

[48]OECD (2001), Tz. 2.40.
[49]OECD (2001), Tz. 2.33.
[50]Kroppen (2001), 1142.

Bei der *Gewinnaufteilungsmethode* wird zunächst von den beiden konzerninternen Unternehmen der Gewinn prognostiziert, der aus der Transaktion insgesamt erzielt werden kann. In einem zweiten Schritt wird dieser Gewinn auf die Beteiligten aufgeteilt, wobei die Verteilung so stattfinden sollte, wie es nicht miteinander verbundene Unternehmen vereinbart hätten.[51] Dieses Verfahren ähnelt dem in Kapitel 4.2.1 beschriebenen kostenbasierten Verfahren zur Verrechnungspreisfixierung und verursacht vergleichbare Probleme. So ist es vor allem schwierig zu ermitteln, nach welchen Kriterien der Gewinn letztendlich aufgeteilt werden soll.

Bei der *Netto-Margen-Methode* werden die Nettomargen, die bei Transaktionen zwischen konzerninternen Unternehmen erwirtschaftet wurden, ermittelt und mit einer angemessenen Bezugsbasis (Kosten, Umsatz oder eingesetztes Kapital) in ein Verhältnis gesetzt.[52]

4.3 Organisation der Verrechnungspreisbildung

Abschließend ist zu klären, an welcher Stelle im Unternehmen die Verrechnungspreise fixiert werden sollen. Dies kann sowohl in einer Zentralstelle, bzw. in der Unternehmensleitung durch Vorgaben, als auch in den leistungserstellenden und leistungsabnehmenden Bereichen durch Verhandlung geschehen.

Je nach Unternehmenspolitik und Organisationsform kann die Einflussnahme einer zentralen Stelle bei der Fixierung der Verrechnungspreise stark variieren. So kann den einzelnen Bereichen maximale Freiheit bei der Gestaltung der Verrechnungspreise gewährt werden, indem von zentraler Stelle lediglich Rahmenbedingungen und Richtlinien vorgegeben werden, die besagen, auf Basis welcher Verfahren und Prinzipien die Verrechnungspreise gebildet werden müssen. Die Umsetzung wird dann den Bereichen selbst überlassen. Die zentralen Stellen können

---

[51]OECD (2001), Tz. 3.5, 3.11.
[52]OECD (2001), Tz. 3.26.

jedoch auch einen sehr viel stärkeren Einfluss nehmen, indem sie die Verrechnungspreise selbst ermitteln und festschreiben, so dass sie von den Bereichen
nur noch angewendet werden müssen.[53] Die Einflussnahme der Zentralen kann
sogar noch weiter gehen, indem zusätzlich zu den Preisen auch die Umfänge des
Leistungstransfers für die einzelnen Bereiche festgelegt werden. Auf diese Weise
wird die Autonomie der Einheiten so stark beschnitten, dass dies demotivierende
Effekte nach sich ziehen kann.[54]

Derzeit geht der Trend dahin, dass die Unternehmensstrukturen an Komplexität zunehmen, was zur Folge hat, dass die Zentralstellen stark ausgelastet sind.
Dies und der Trend zur Divisionalisierung führen dazu, dass die Entscheidungs-
verantwortung bei der Verrechnungspreisbildung zunehmend stärker in den einzelnen Bereichen liegt.[55] Auf diese Weise werden die positiven Markteffekte, die
durch den Einsatz von Verrechnungspreisen entstehen können, auch nicht durch
das starke Eingreifen der Zentralstelle beschnitten. Verrechnungspreise können
durchaus von zentraler Stelle als Koordinations- bzw. Lenkungsinstrument verwendet werden, jedoch entstehen durch zu strenge Vorgaben der Zentrale Nach-
teile. So können der zentralen Stelle nicht alle zu berücksichtigenden Elemente
der einzelnen Bereiche bekannt sein, die bei der Preisbildung berücksichtigt werden müssen, was dazu führt, dass die von zentraler Stelle vorgegebenen Preise
selten optimal für die Bereiche sind.

Die Fixierung von Verrechnungspreisen an zentraler Stelle kann jedoch auch
durchaus Vorteile haben. So können Lenkungs- und Abrechnungsfunktion gewährleistet und eventuell entstehende Zeitverluste, die durch lange Verhandlun-
gen zwischen den beteiligten Bereichen entstehen können, eingespart werden.[56]
Werden die internen Verrechnungspreise direkt durch Verhandlung zwischen den

---

[53]Scherz (1998), S. 143ff.
[54]Matschke (1993), S. 2582ff.
[55]Scherz (1998), S. 143.
[56]Scherz (1998), S. 144.

am Leistungstransfer beteiligten Bereichen bestimmt, ist es wichtig, dass alle Verhandlungspartner über die notwendigen Kosten- und Marktinformationen verfügen, auf denen der Preis basieren soll. Eine solche Verhandlungslösung kann vorteilhaft sein, da die Preise sehr flexibel sind und das in den Bereichen vorhandene Wissen dabei maximal eingesetzt werden kann, so dass auch bereichsspezifische Bedürfnisse optimal berücksichtigt werden können. Nachteilig können sich die bereits erwähnten potentiellen Zeitverluste durch Konfliktverhandlungen auswirken, zumal gute Bereichsleiter nicht auch immer gute Preisverhandler sind. Sind auf diese Weise entstehende Konflikte nicht lösbar oder sind die Preise nicht objektiv, da ein Beteiligter eine Machtposition ausgenutzt hat, müssen gegebenenfalls Zentralstellen als Schiedsstellen eingreifen.[57] Dies ist dem Leistungsaustausch und der Motivation der Beteiligten jedoch nicht unbedingt zuträglich, denn oft bleiben auf beiden Seiten nach einem solchem Einschreiten Unzufriedenheiten bestehen.

Die beiden oben beschriebenen Varianten sind zwei Extreme, die beide für die Entstehung von Verrechnungspreisen umstritten und nicht optimal sind. In der Praxis wird die Lösung zwischen diesen beiden Extremen liegen, wo genau, muss unternehmensspezifisch ermittelt werden.[58]

---

[57]Coenenberg (1997), S. 565.
[58]Scherz (1998), S. 146.

5 Spezifika der Verrechnung innerbetrieblicher IT-Dienstleistungen

5.1 Anforderungen an innerbetriebliche IT-Leistungsverrechnung

Auch wenn die verursachungsgerechte Verrechnung von IT-Dienstleistungen kein neues Thema ist, ist sie in den letzten Jahren stark in den Vordergrund gerückt. Ursache ist, dass die Informationstechnologie in den letzten Jahrzehnten starke Veränderungen erfahren hat, aus denen verschiedene neue Anforderungen resultieren. Dabei lassen sich zwei Entwicklungsstränge beobachten. Zum einen die Entwicklung des IT-Einsatzes innerhalb der einzelnen Unternehmen, zum anderen die unabhängig von den einzelnen Unternehmen stattfindende technologische Weiterentwicklung der IT.

Die Informationstechnologie hat sich in den letzten Jahrzehnten stark weiterentwickelt. Bis in die 80er Jahre des 20. Jahrhunderts wurde die IT, damals noch unter dem bezeichnenden Namen EDV, vor allem zu Datenhaltungs- und Verwaltungszwecken eingesetzt. Für das Unternehmen war die EDV ein rein unterstützender, rationalisierender Vorgang. In den 90er Jahren gewann die IT an Bedeutung als Enabler, der die Durchführung der vielen komplexen Prozesse ermöglichte. Als die verstärkte Nutzung des Internets hinzukam, setzte sich schließlich der Gedanke durch, dass die IT-Abteilung durchaus auch zu einem Teil des Geschäfts werden kann und damit auch zum Wettbewerbsvorteil des Unternehmens beitragen kann.[1] Durch die steigende Komplexität der Unternehmensprozesse und

---

[1] Eckardt (2001), S. 67f.

der damit wachsenden Informationsintensität der unterschiedlichen Tätigkeiten ist die IT in den vergangenen Jahren schließlich zu einem zentralen Erfolgsfaktor im Unternehmen geworden. Die Abwicklung aller relevanten Geschäftsprozesse ist ohne IT nicht mehr denkbar.[2] Als Folge ist eine Vielzahl neuer Anforderungen und Schwerpunktänderungen auf die IT-Abteilung zugekommen. Die Aufgaben der IT-Abteilungen reichen von der nach wie vor bestehenden Altlast der Legacy-Systeme bei großen Anwendern, über die immer häufigere IT-Zusammenführung als Folge von Mergers und Acquisitions und die Frage des In- oder Outsourcings bei der Beschaffung von IT-Leistungen, bis hin zu Bewältigung der aktuellen Personalsituation und findet seinen Höhepunkt in den Anforderungen des E-Business an den Schnittstellen zur Unternehmensumwelt mit E-Procurement, E-Sales und Supply Chain Management.[3] Im Mittelpunkt steht jetzt die Konzentration auf Kernprozesse und das konsequente Vernetzen mit Dritten, wobei der innovative Einsatz von verschiedenen Tools zur IT-Steuerung gefragt ist.

Neben diesen technologisch bedingten Veränderungen lässt sich auch eine Weiterentwicklung der Handhabung des IT-Einsatzes innerhalb der Unternehmen beobachten. Da die DV in den 80er Jahren aus betriebswirtschaftlicher Sicht als Rationalisierungsfaktor betrachtet wurde, ging man davon aus, dass sie sich durch Kosteneinsparungen und Wertschöpfungserträge automatisch amortisiert.[4] Zumal der DV-Einsatz durch die ständig sinkenden Hardwarekosten eine immer günstigere Kosten-Nutzen-Relation versprach. Als Folge dieser Annahme wurden Investitionen in die IT getätigt, ohne die daraus resultierenden Erträge zu ermitteln und zu prüfen. Nun, da die Rationalisierungseffekte im administrativen Bereich aber größtenteils verbraucht sind und die IT-Kosten durchaus immer noch einen hohen Anteil ausmachen (zum Teil sogar einen höheren Anteil als zuvor, denn die Hardware-Kosten sind zwar günstiger geworden, jedoch sind die Entwicklungskosten angestiegen), werden die Kosten für die DV-Leistungen

---

[2]Herget/Schwuchow (1995), S. 10f.
[3]Heilmann (2001), S. 3.
[4]Eckardt (2001), S. 67f.

kritischer verfolgt. In den IT-Abteilungen entsteht ein Druck zur Rechtfertigung der Wirtschaftlichkeit, schließlich ist die IT nun, wie alle anderen Ressourcen eines Unternehmens, auch dem Grundprinzip der Wirtschaftlichkeit unterworfen.[5] Hinzu kommt, dass aufgrund der aktuellen wirtschaftlichen Situation auch in den IT-Abteilungen Einsparungen realisiert werden müssen. Wenn aber keine genaue Kenntnis der Kostenentstehung vorliegt, kann keine gezielte Ergebnisoptimierung vorgenommen werden. Voraussetzung für einen rentablen Einsatz der IT ist also eine eindeutige Kosten/Leistungszuordnung. Durch Kostentransparenz kann der Kosten- und Argumentationsdruck reduziert werden und die Verrechnung der Leistungen nachvollziehbar gestaltet werden.

Dieser innerhalb des Unternehmens stattfindende Lernprozess bezüglich des Einsatzes von IT sowie der Handhabung der IT-Abteilungen und seine Auswirkungen auf kostenrechnerische Aspekte des Unternehmens, wurden bereits 1988 von Nolan untersucht.[6] Das damals von ihm entwickelte Konzept hat heute durchaus noch Gültigkeit und zeigt, dass die IT mittlerweile in den meisten Unternehmen den Reifezustand erlangt hat. Dabei ist die verursachungsgerechte Verrechnung der IT-Dienstleistungen durchaus Bestandteil der Entwicklung.

Aus den beschriebenen Entwicklungen ergeben sich eine Reihe von Anforderungen an die Verrechnung der innerbetrieblichen IT-Dienstleistungen. Die steigende Komplexität der IT-Dienstleistungen und die zunehmende Anzahl der Produkte, die innerhalb der Unternehmen angeboten werden, machen ein eindeutiges, übersichtliches und unternehmensweites Verrechnungskonzept unerlässlich. Denn nur wenn unternehmensweit festgelegt wird, nach welchen Verfahren die Verrechnung der innerbetrieblichen IT-Dienstleistungen durchgeführt werden soll und auf welche Weise Umlagesätze oder Verrechnungspreise gebildet werden müssen, kann garantiert werden, dass innerhalb eines Unternehmens einheitliche Preise gelten und niemand benachteiligt wird. Da die IT-Dienstleistungen nun

---

[5]Kargl (1997), S. 3.
[6]Nolan (1981), S. 103ff.

auch als Wettbewerbsfaktor betrachtet werden, ist der Vergleich mit anderen Unternehmen sinnvoll. Zwar ist dies insofern schwierig, als kaum ein Unternehmen gerne Einblick in seine internen Leistungen und Prozesse gewährt, dennoch sollte als Basis für eine Vergleichbarkeit eine eindeutige Zuordnung von Kosten und Leistungen gewährleistet sein. Dadurch wird auch die Prüfung der Wirtschaftlichkeit einzelner interner IT- Dienstleister sowie deren Leistungen und Abnehmer unterstützt. Ein weiteres wichtiges Kriterium, dass bei der Verrechnung von internen IT-Dienstleistungen berücksichtigt werden muss, ist die Nachvollziehbarkeit der Kostenentstehung und eine damit verbundene Transparenz in der Preisbildung. Nur wenn nachvollzogen werden kann wie die Kosten entstanden sind können auch die Ergebnisse überprüft und gegebenenfalls Einsparungspotentiale realisiert werden. Diese Transparenz kommt auch der neuen Rolle des Abnehmers von IT- Dienstleistungen entgegen.

5.2 Interne Kunden-Lieferanten-Beziehungen

Auch das Verhältnis der IT-Abteilung zu den Fachabteilungen ist von den in Kapitel 5.1 beschriebenen Veränderungen nicht unberührt geblieben.
Lange lag die Hoheit um die DV-Technik allein in den DV-Abteilungen, was dazu führte, dass die Anwender von den DV-Abteilungen, deren Aufgabe es war, die Software in den Fachabteilungen zu verteilen, regelrecht bevormundet wurden.[7]
Heute ist die interne IT-Abteilung vom „Verteiler von IT-Dienstleistungen" zu einem IT- Dienstleister geworden, der mit anderen, externen Dienstleistern im Wettbewerb steht, da die meisten Fachabteilungen auch die Möglichkeit haben, außenstehende IT-Dienstleister zu beauftragen, was auch durch die zunehmende Standardisierung von Software zusätzlich erleichtert wird.[8] Der Anwender, der durch die Veränderungen zum Kunden geworden ist, kann nun nicht nur über den

---

[7]Kargl (1997), S. 3.
[8]Kargl (1997), S. 3.

Einsatz der IT-Dienstleistungen entscheiden, sondern möchte selbstverständlich auch nachvollziehen können, wie die Kosten zustande kommen und wie er Einfluss darauf nehmen kann. Die IT stellt für den Kunden einen großen Kostenblock dar, deshalb wird auch der Druck auf die IT-Abteilungen stärker, mehr Transparenz in Bezug auf Kosten und Leistung zu erreichen.[9] Die Kunden sind nun auch nicht mehr bereit, mangelnde Termintreue, mangelnde Höflichkeit oder schlechte Qualität der Produkte hinzunehmen. Die IT- Dienstleister müssen nun auf die individuellen Erfordernisse der Kunden eingehen und sich bemühen, die zu erbringende Dienstleistung ständig zu verbessern um dadurch letztlich die Kundenzufriedenheit nachhaltig zu gewährleisten.[10]

Außerdem tragen nun auch die Fachabteilungen zu IT-Innovationen bei und bringen ihr Wissen mit ein.[11] Kargl vergleicht dieses neue Dienstleistungsverständnis bei der Entwicklung von Anwendungssoftware mit dem Verhältnis von Bauherr und Architekt. Der Anwender des zu erstellenden Systems bringt als aktiver Mitgestalter sein fachspezifisches Wissen in die Projektarbeit mit ein und nimmt als zahlender Auftraggeber die Rolle des Bauherrn ein. Dabei trägt er die fachliche Verantwortung, er muss die Projektziele und Systemanforderungen aus fachlicher Sicht vorgeben und den erwarteten Nutzen des IT-Projektes angeben. Der IT-Dienstleister belegt hingegen die Rolle des Architekten, der die Durchführungsverantwortung mit der qualifizierten Beratung und Unterstützung durch den Auftraggeber trägt.[12]

Dieser Dienstleistungsgedanke hat sich jedoch noch nicht in allen IT-Abteilungen durchgesetzt. Häufig sind die Kunden der IT-Abteilungen unzufrieden, wobei sie sich jedoch weniger über die Qualität der Leistungen beklagen als vielmehr über fehlende Transparenz bezüglich der bezogenen Leistung und deren Wert, bzw.

---

[9]Bertleff (2001), S. 57.
[10]Kargl (1997), S. 8.
[11]Kargl (1997), S. 3.
[12]Kargl (1997), S. 8.

Kosten für den Leistungsempfänger.[13] An dieser Stelle wird deutlich, dass Kundenorientierung auch bei der Preisfindung zu berücksichtigen ist. Dabei muss nicht nur die verursachungsgerechte Verrechnung der Leistungen berücksichtigt werden, sondern im Rahmen des Dienstleistungsverständnisses sollte der Kunde selbst entscheiden können, was er für brauchbar, nützlich und gut befindet. An dieser Stelle muss also auch im Rahmen der subjektiven Werttheorie die Kundenmeinung in die Preisbildung mit einbezogen werden. Um diesen subjektiven Anteil und die Wünsche der internen Kunden zu berücksichtigen, werden Service Level Agreements eingesetzt.

5.3 Service Level Agreements

Umfang und Qualität von IT-Dienstleistungen wurden lange Zeit vor allem von den IT- Abteilungen selbst bestimmt. Dabei bemühten sie sich zwar, den Anwendern entsprechende Qualität und Service zu bieten, jedoch konnten sie dies nur aus Sicht der Datenverarbeitung leisten, die ja nicht unbedingt den Bedürfnissen der Anwender entsprechen muss.

Um die IT-Einrichtungen und Service-Leistungen nach den tatsächlichen betrieblichen Anforderungen und den durch die Anwender formulierten Bedürfnissen ausrichten zu können, wurden im Rahmen der neuen Dienstleistungsorientierung der IT-Abteilungen die sogenannten Service Level Agreements (SLA), oder auch Dienstleistungsvereinbarung (DLV), eingeführt. Ein Service Level Agreement ist die schriftliche Erklärung oder der Vertrag zwischen den Anwendern und der IT-Abteilung, in dem die vereinbarten Servicestufen eines IT-Services festgehalten sind.[14] Der Vertrag legt die Verantwortlichkeiten der Anwender und der IT fest. Im Speziellen verpflichtet er die IT-Serviceabteilung dazu, die vereinbarte Service-Qualität solange anzubieten, wie die Anwender diese im Rahmen der Vereinba-

---

[13]Scherz (1998), S. 4.
[14]Vogt (2000), S. 117.

rungen fordern. Das ermöglicht den Aufbau einer formalen und geschäftlichen Beziehung, vergleichbar mit derjenigen zwischen Lieferant und Kunden. Die Vereinbarung von Service Level Agreements ist wichtig, um die Beziehungen zwischen der IT und den Kunden zu stabilisieren.

Der Inhalt und Aufbau eines Service Level Agreements kann variieren, jedoch sollte es stets einige grundlegende Bestandteile enthalten:[15]

In einem Service Level Agreement müssen die Vertragspartner genannt werden, hier also die Verantwortlichen der liefernden und der empfangenden Kostenstelle. Außerdem sollte eine Beschreibung der zu liefernden Dienstleistungen enthalten sein. Zusätzlich müssen die Bedingungen festgehalten werden, zu denen geliefert wird. Bei IT-Dienstleistungen handelt es sich dabei besonders um Servicezeiten (wann soll die Dienstleistung verfügbar sein, Sonderkonditionen für Feiertage...), Serviceverfügbarkeit (wie hoch soll die Verfügbarkeit sein, wie viele Fehlerfälle werden toleriert, wie lang dürfen Ausfallzeiten maximal sein...), die Performance (Durchsatzraten, Antwortzeiten...), der User-Support (welcher Support wird angeboten, wann ist er verfügbar), Restriktionen (zum Beispiel maximale Anzahl gleichzeitig aktiver User, maximale Anzahl gleichzeitiger Transaktionen), Anwenderschulung (Umfang, Inhalte...), Katastrophenvorsorge und Sicherheit. Auch ein Änderungs-Kontrollverfahren sollte im SLA enthalten sein.

Schließlich muss jedes SLA die Unterschriften der Verantwortlichen enthalten sowie die Gültigkeitsdauer und Angaben über frühere Änderungen des SLA.

Mit das wichtigste Element einer SLA sind die Preise für die Leistungen, die möglichst detailliert aufgeschlüsselt sein sollten. Bei der Ermittlung des Preises kann nach den in Kapitel 4.2 beschriebenen Methoden vorgegangen werden. Meist setzt man allerdings die Vollkosten einer Leistung als Untergrenze bei Preisverhandlungen fest, um eine Kostendeckung zu gewährleisten. Kann für die Leistung ein Marktpreis ermittelt werden, ist dieser marktorientierte Preis dann als Obergrenze anzusehen.

---

[15]Vogt (2000), S. 126ff.

Durch den Einsatz von SLAs können innerbetriebliche Liefer- und Leistungsströme transparent und die Kostenverursachung nachvollziehbar gemacht werden. Außerdem kann die innerbetriebliche Leistungserstellung und –verrechnung
überwacht und gesteuert werden und nicht notwendige Leistungen können ermittelt und eingestellt werden. Schließlich wird auch eine Wirtschaftlichkeitsprüfung
der einzelnen Bereiche möglich gemacht.

Durch den Einsatz von SLAs entsteht allerdings zusätzlicher Aufwand. Die Bereichsleiter werden nun mit der Aushandlung und Erstellung von SLAs zusätzlich
belastet, wobei nicht nur der Arbeitsaufwand, sondern auch das darin enthaltene
Konfliktpotential zu berücksichtigen ist. In jedem Fall ist vor der Einführung eines
SLA-Konzeptes zu überlegen, dass der Aufwand, den die Erstellung und Abwicklung der SLAs verursacht, den Nutzen nicht überschreiten darf.

Die Erstellung und Verwaltung von Service Level Agreements lässt sich durch
den Einsatz einer Web-Anwendung, mit der die Service Level Agreements im Intranet erstellt werden können, erheblich erleichtern und beschleunigen. Mit Hilfe
eines solchen Systems kann die Standardisierung der SLAs durch die Verwendung von Vorlagen unterstützt werden, der Genehmigungsprozess kann online
erfolgen und auf die Daten der SLAs kann bei der Abrechnung einfacher zuge-
griffen werden als wenn man Verträge in Papier mit der Unterschrift abheftet. Auf
die Umsetzung eines solchen Konzeptes und die Einbettung von SLAs in die Abrechnung von IT-Dienstleistungen wird in Kapitel 8 näher eingegangen.

6 Verrechnung von einzelnen IT-Projekten

6.1 Kostenarten bei Einzelprojekten

Innerhalb eines Unternehmens lassen sich zwei Arten von IT-Dienstleistungen unterscheiden: laufende IT-Dienstleistungen und einzelne IT-Dienstleistungen, die im Rahmen von Projekten erbracht werden. Das Unterscheidungskriterium ist dabei der zeitliche Aspekt. Eine laufende IT- Dienstleistung wie beispielsweise das Bereitstellen eines Systems, ist nicht zeitlich begrenzt, sondern wird dauerhaft von den Anwendern bezogen, wobei die erbrachte Leistung gleich bleibt und sich nicht wesentlich verändert. Ein Projekt hingegen hat von vornherein einen Anfangs- und einen Endtermin sowie ein Projektziel, das in diesem Zeitraum erreicht werden soll. Auf die Verrechnung laufender IT-Dienstleistungen wird in Kapitel 7 eingegangen, im Folgenden soll die Verrechnung von IT-Dienstleistungen betrachtet werden, die im Rahmen von Projekten erbracht werden.

Vor Projektbeginn müssen die anfallenden Kosten geschätzt werden; die eigentliche Verrechnung der für das Projekt angefallenen Kosten findet aber meist erst nach Projektende statt.

Bei der Verrechnung von Kosten, die bei IT-Projekten anfallen, ist zu berücksichtigen, dass die Kosten nicht unbedingt nur in einer Kostenstelle entstehen müssen. Weil IT-Projekte immer komplexer werden und sich die IT-Mitarbeiter auf einzelne Kompetenzen spezialisieren müssen, fand in den letzten Jahren ein Trend zur Trennung von Rechenzentrum und Software- Dienstleistung statt. Dabei bieten die Rechenzentren die Hardwareleistungen an, während die Software-

Dienstleister die Programmier- und Beratungsleistungen übernehmen. Das Rechenzentrum erbringt auch Dienstleistungen für die softwareerstellenden Abteilungen. Für die Verrechnung oder Umlage der Kosten, die für die Erstellung einzelner Projekte anfallen, ist dies jedoch nicht relevant. Das Rechenzentrum ermittelt alle Leistungen, die von der softwareerstellenden Abteilung verbraucht wurden und gibt diese an die entsprechenden Software-Dienstleister weiter. Diese wiederum geben die Kosten, die für das jeweilige Projekt angefallen sind, an die Auftraggeber weiter. Die sich dadurch ergebende Leistungsverflechtung entspricht einer Hintereinanderschaltung des in Kapitel 2.4 beschriebenen Typ I. Wie in diesem Kapitel beschrieben, könnten die Kosten einer solchen Leistungsverflechtung als ein Kostenblock behandelt werden, es sei denn, die Leistungsersteller gehören unterschiedlichen Kostenstellen an. Gibt es mehrere interne Kunden, entspricht die Leistungsverflechtung dem Typ II.

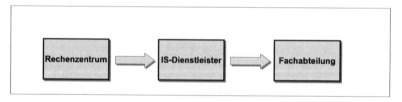

Abbildung 6.1: Leistungsverflechtung bei IT-Projekten

Um die Aufwandsschätzung und die Verrechnung zu erleichtern ist es sinnvoll, die Kostenarten zu ermitteln, die bei der Durchführung eines Projekts anfallen können. Um die in Kapitel 3 und 4 beschriebenen Verfahren zur Kostenumlage bzw. zur Verrechnungspreisermittlung zu ermöglichen, muss auch die dafür benötigte Einteilung der entstehenden Kosten in Einzel- und Gemeinkosten sowie in fixe und variable Kosten vorgenommen werden. Die Einteilung in Einzel- und Gemeinkosten erfolgt dabei aufgrund ihrer Zurechenbarkeit zu einem Bezugsobjekt. Das Objekt, auf das sich die Kosten beziehen, ist in diesem Fall das Projekt. Außerdem ist eine Einteilung in fixe und variable Kosten in Bezug auf eine bestimmte Einflussgröße notwendig. Hier soll als Einflussgröße der Projektumfang verwendet werden, wobei davon ausgegangen wird, dass das Projekt stattfinden soll. Es gibt drei Kostenarten, denen sich die bei der Durchführung eines Projekts anfallenden Kosten zuordnen lassen: Personalkosten, Sachkosten und Fremdleistungen. Eine Tabelle möglicher Kostenarten für IT-Projekte findet sich im Anhang.

Personalkosten:

Bei der Durchführung eines IT-Projektes können verschiedene Personalkosten entstehen. Je nach Projektinhalt und –umfang können Berater, Projektleiter, Programmierer etc. an dem Projekt beteiligt sein. Ihre Leistungen werden in Stunden gemessen und können mit unterschiedlichen Stundensätzen bewertet werden.

Die Stunden, welche die Mitarbeiter für das abzurechnende Projekt verwendet haben, können meist genau zugerechnet werden. Deshalb können die Personalkosten als Einzelkosten behandelt werden. Allerdings gibt es auch Ausnahmen, bei denen Personalkosten nicht direkt einem Projekt zugeordnet werden können. Zum Beispiel wenn Mitarbeiter weiterbezahlt werden, die an Fortbildungsmaßnahmen teilnehmen. Eine weitere Ausnahme sind die Personalkosten, die für die Verwaltung anfallen. Solche Kosten können nur als Gemeinkosten betrachtet werden und müssen anteilig zugerechnet werden.

Aus Sicht der Abteilungen, in denen die Mitarbeiter beschäftigt sind, können Personalkosten grundsätzlich als Fixkosten betrachtet werden, sofern die Mitarbeiter zu festem Monatsgehalt fest eingestellt sind und nicht als freie Mitarbeiter tätig sind, die stundenweise arbeiten und abrechnen. In Bezug auf ein Projekt verhält sich dies jedoch anders. Je umfangreicher das Projekt ist, umso mehr Mannstunden nimmt es in Anspruch, das bedeutet, dass die Personalkosten in Bezug auf das Projekt variabel sind. Zwar ist ein gewisser Basissatz an Mannstunden notwendig, wenn das Projekt durchgeführt werden soll, da dieser aber vom Umfang des Projekts abhängig ist, können die Personalkosten hier als variable Kosten betrachtet werden. Verwaltungskosten sind hingegen stets als Fixkosten anzusehen, da sie unabhängig von den stattfindenden Projekten anfallen.

Sachkosten:

Die für ein Projekt anfallenden Sachkosten wie Hardware, Fremdsoftware und Zubehör sind weitaus schwieriger einzuordnen als Personalkosten. Häufig entstehen Sachkosten zwar deshalb, weil eine Anschaffung für ein spezielles Projekt erforderlich ist, jedoch wird zum Beispiel die angeschaffte Hardware oder Fremdsoftware auch für weitere Projekte eingesetzt und ist dann nicht mehr eindeutig dem Projekt zurechenbar. Hierfür muss innerhalb des Unternehmens ein Konsens geschaffen werden, wie solche Kosten zu behandeln sind. Andere Sachkosten wie Datenträger und Formulare können zugeordnet und als Einzelkosten abgerechnet werden. Dies wird jedoch aus Kosten- und Aufwandsgründen oft nicht vorgenommen. Dann müssen diese Kosten als Gemeinkosten behandelt werden. Sachkosten wie Arbeitsplatzausstattung und Netz- Installationskosten können nicht direkt zugerechnet werden und sind immer als Gemeinkosten zu behandeln.

Die meisten Sachkosten für Projekte, besonders die Kosten für Hardware, sind sprungfix. Wenn für die Erfüllung des Projektes eine bestimmte Anschaffung erforderlich ist, zum Beispiel die Anschaffung von Arbeitsspeicher für einen Server, fallen dafür einmalig Kosten an. Wird das Projekt (bzw. die Software) umfangreicher, reicht die Hardware eine gewisse Zeit lang aus, bis eine weitere angeschafft werden muss.

Fremdleistungen:

Fremdleistungen, die bei Projekten anfallen sind in erster Linie Kosten für Beratung, Programmierung oder Anpassung von Fremdsoftware. Mit diesen Kosten verhält es sich ähnlich wie mit den Personalkosten. Sind die Kosten nur für das abzurechnende Projekt angefallen, können sie als Einzelkosten behandelt werden. Bei Fremdleistungen ist es jedoch auch möglich, dass die Leistungen nicht eindeutig einem Projekt zugerechnet werden können. Darunter fallen zum Beispiel Schulungen für die internen Mitarbeiter mit Inhalten, von denen mehrere Projekte profitieren oder die Anpassung von gekaufter Software, die für mehrere Projekte eingesetzt wird. In diesem Fall müssen die Kosten als Gemeinkosten zugeschlüsselt werden.

Fremdleistungen sind zwar variabel in Bezug auf die Beschäftigung der Fremdmitarbeiter, jedoch werden die Fremdleistungen meist in Bezug auf ein bestimmtes Ziel (Schulung der Mitarbeiter, Anpassung der Software...) in Anspruch genommen. Deshalb sind Fremdleistungen, wenn sie denn benötigt werden, meist fixe Kosten und unabhängig vom Umfang des Projektes.

Sonstige Kosten:

Unter „sonstige Kosten" fallen Kosten, die nicht kategorisiert und allgemein behandelt werden können, wie zum Beispiel Telefonkosten, Energiekosten und Gebäudemieten. Dabei muss jeweils einzeln entschieden werden, ob es sich um Gemein- oder Einzelkosten handelt. So können Porto und Telefonkosten zum Beispiel einzeln verrechnet werden, wohingegen Kosten für das Gebäude (Wasser, Strom, Miete, Reinigung...) als Gemeinkosten stets nur anteilig zugeschlüsselt werden können. Kalkulatorische Abschreibungen sind, sofern sie berücksichtigt werden, stets als Gemeinkosten zu betrachten. Einige Kosten wie zum Beispiel Versicherungen für einzelne Server etc. können hingegen als Einzelkosten betrachtet werden.

Bei sonstigen Kosten ist stets im Einzelfall zu entscheiden, ob es sich um fixe oder variable Kosten handelt. Meist sind sie jedoch fix, wie Versicherungen, Reinigungskosten oder fallen vollkommen unabhängig vom Projekt an, wie zum Beispiel Telefonkosten.

6.2 Schätzung und Erfassung der Kosten

6.2.1 Das Problem der Aufwandsschätzung

Vor Beginn eines jeden Projektes müssen die Kosten, die bei der Durchführung des Projektes entstehen, geschätzt werden. Für die Bildung von Verrechnungspreisen ist eine möglichst genaue Schätzung der Kosten unbedingt notwendig, da hier der Preis für das Projekt im Voraus festgelegt und nach Möglichkeit nicht im Nachhinein korrigiert werden soll. Um Verluste zu verhindern, müssen alle im Laufe des Projektes entstehenden Kosten vorab möglichst genau geschätzt werden. Auch wenn die leistungsempfangenden Abteilungen im Rahmen eines Kostenumlageverfahrens ohnehin alle Kosten tragen müssen, ist es wichtig, dass bereits im Voraus bekannt ist, welchen Kostenumfang das Projekt haben wird, damit geprüft werden kann, ob die abnehmenden Bereiche überhaupt in der Lage sind, Kosten in der anfallenden Höhe zu tragen. Außerdem ist die Erfassung und Messung der Kosten während der Durchführung des Projektes notwendig. Bei der Verwendung von Kostenumlageverfahren werden auf diese Weise die weiterzugebenden Kosten ermittelt und beim Einsatz von Verrechnungspreisen können dadurch Soll/Ist-Vergleiche durchgeführt werden.

Dass diese Schätzung der bei IT-Projekten anfallenden Kosten oft nicht ausreichend durchgeführt wird, verdeutlicht der CHAOS-Report der Standish Group, in dem festgestellt wurde, dass die Kosten, die für Projekte vorab geschätzt werden, durchschnittlich um 189% überschritten werden.[1] Anhand dieser Zahl lässt sich nachvollziehen, dass es bei Verwendung von Kostenumlageverfahren oft zu Problemen und Unzufriedenheit bei den abnehmenden Abteilungen kommt, wenn sie mit derartig überhöhten Summen belastet werden. Bei der Verwendung von festen Verrechnungspreisen ist eine solche Fehleinschätzung ebenso problematisch, da die zusätzlich angefallenen Kosten entweder den abnehmenden Abteilungen nachträglich berechnet werden müssen, was aber selten einvernehmlich

---

[1] Standish Group (1994).

geschehen wird, oder die Kosten in der IT-Abteilung verbleiben, was dort zu Verlusten führt.

Für diese Vernachlässigung der Kostenschätzung gibt es verschiedene Gründe. Eine Ursache dafür ist, dass die Abschätzung der Kosten, die im Laufe eines Projektes anfallen, nicht einfach ist, da sich Einzelprojekte stark in Art und Umfang unterscheiden können. Besonders bei Projekten mit hohem Innovationsgrad fällt eine genaue Schätzung schwer, da nicht auf Erfahrungen und Altdaten zurückgegriffen werden kann. Außerdem wird die Aufwandsschätzung häufig durch das Verhalten und die Einstellung der Mitarbeiter innerhalb der IT-Abteilungen erschwert. So besteht oft nur eine geringe Bereitschaft, Zeit und Kapital in die Vorstudie und in die Aufwandsschätzung zu investieren.[2] Ein weiteres Problem liegt in der Tätigkeit des Schätzens selbst begründet. Schließlich bedeutet Schätzen das Erstellen von Prognosen für Daten, die in der Zukunft entstehen. Da es nicht möglich ist, alle in der Zukunft auftretenden Einflüsse und Umweltfaktoren vorherzusagen, bleibt trotz des Einsatzes von immer exakter werdenden Schätzverfahren immer ein gewisses Maß an Unsicherheit. Dabei wird die Schätzung genauer, je mehr Informationen über das Schätzobjekt, also in diesem Falle das IT- Projekt, vorliegen. An dieser Stelle wird ein Zielkonflikt mit der Angebotserstellung erkennbar. Die Erstellung eines Angebotes ist spätestens nach der Planungsphase, also relativ früh im Projektverlauf, zu verrichten. An einem so frühen Zeitpunkt sind jedoch noch relativ wenige Informationen über das Schätzobjekt vorhanden, diese nehmen erst im Laufe des Projektes zu. Deshalb ist es schwierig den geeigneten Zeitpunkt für die Schätzung zu finden.

---

[2]Knöll/Busse (1991), S. 88.

6.2.2 Schätzung der Kostenarten

Um die Schätzung der gesamten, im Laufe eines Projektes anfallenden Kosten zu erleichtern, kann zunächst eine Schätzung der einzelnen anfallenden Kostenarten vorgenommen werden. Dabei kann die oben bereits verwendete Einteilung in Personalkosten, Sachkosten, Fremdleistungen und sonstige Kosten herangezogen werden. Beim Schätzen der anfallenden Kostenarten ist es sinnvoll, zunächst die Verteilung der Kosten, die bei IT-Projekten anfallen, in Bezug auf die Kostenarten zu betrachten. In den 60er Jahren konnte man bei Software-Projekten von einem Hardwarekostenanteil von 80% und einem Softwarekostenanteil von 20% ausgehen. Deshalb kam der Hauptanteil der Kostenschätzung der Hardwareplanung zu. Im Laufe der letzten vier Jahrzehnte hat sich dieses Verhältnis jedoch umgekehrt und beträgt nun ca. 80Softwarekosten und nur noch 20% Hardwarekosten.[3] Die Ursache der Kostenverschiebung liegt vor allem darin, dass die Hardwarekosten erheblich gesunken sind und die Softwareerstellung sehr viel aufwändiger ist, also mehr Zeit erfordert und deshalb teurer ist. Wenn die Gesamtkosten möglichst genau geschätzt werden sollen, muss also besonderes Augenmerk auf den Softwarekosten bzw. der Kosten für die Softwareerstellung liegen. Den größten Teil der Kosten, die bei der Erstellung der Software entstehen, machen die Personalkosten aus, die also besonders genau geschätzt werden müssen. Deshalb gibt es für die Abschätzung der Personalkosten spezielle Verfahren zur Aufwandsschätzung. Die beiden bekanntesten und am weitest verbreiteten Verfahren sind das Function Point – Verfahren und das COCOMO-Verfahren. Der Hauptunterschied zwischen den beiden Verfahren ist, dass das COCOMO-Verfahren hauptsächlich auf der Programmgröße basiert, wohingegen beim Function-Point-Verfahren die Produktanforderungen im Vordergrund stehen.[4,5] Beide Verfahren ermitteln jedoch nur die reinen Programmier-Kosten. Beratung, Analyse, Schulung, etc. sind in der Schätzung also nicht inbe-

---

[3]Knöll/Busse (1991), S. 13.
[4]Knöll/Busse (1991), S. 68.
[5]Bundschuh/Fabry (2000), 211ff.

griffen und müssen gesondert geschätzt werden.

Die Messung der Personalkosten während des Projektes erfolgt über das Erfassen der geleisteten Stunden. Wie diese Erfassung vorgenommen wird, hängt unter anderem vom Arbeitsmodell des Unternehmens ab. Für freie Mitarbeiter oder Mitarbeiter, die aus anderen Gründen auf Stundenbasis arbeiten und bezahlt werden, können die Stundenzettel oder Rechnungen, welche die Mitarbeiter einreichen, als Kostenbasis verwendet werden. Dabei muss von den Mitarbeitern angegeben werden, für welches Projekt sie die abzurechnenden Stunden verwendet haben. Findet eine solche Abrechnung nicht statt, sondern werden die Mitarbeiter als Angestellte mit Monatslohn beschäftigt, muss festgehalten werden, wie viel Zeit für welches Projekt aufgewendet wurde. Dabei kann natürlich nicht minutengenau zugerechnet werden, wie viel Zeit welche Projekte beansprucht haben, besonders dann nicht, wenn ein Mitarbeiter parallel an mehreren Projekten arbeitet. Deshalb müssen Mitarbeiter, die ihre Stunden nicht sowieso einzeln ausweisen, die Zeit notieren, die sie für bestimmte Projekte verwendet haben. Dabei empfiehlt es sich, eine spezielle Software zur Arbeitszeiterfassung wie zum Beispiel Time-Stamp zu verwenden.

Im Gegensatz zur Schätzung der Personalkosten gestaltet sich die der Sachkosten relativ einfach. Meist wird bereits bei einer ersten Analyse deutlich, welche Anschaffungen für die Durchführung eines Projektes getätigt werden müssen. Generell werden die benötigten Güter aufgelistet und entsprechende Angebote eingeholt.

Die Messung der Sachkosten ist in den meisten Fällen unproblematisch, da nach Abschluss des Projektes Rechnungen vorliegen, denen die Kosten entnommen werden können. Eine projektbezogene Messung der Sachkosten ist insofern möglich, als die Kosten dem Projekt zugeordnet werden, welches die Anschaffung ausgelöst hat. Dies können auch mehrere Projekte sein. Wie die Kosten dann verteilt werden ist Sache des Kostenumlage- bzw. Verrechnungspreisverfahrens.

Die Kosten für Fremdleistungen sind weniger leicht zu schätzen. Oft fallen Fremdleistungen unvorhergesehen an und sind zu Beginn gar nicht eingeplant oder mit geringeren Kosten angesetzt worden. So können zum Beispiel Kosten für die Anpassung einer eingesetzten Fremdsoftware, anfallen, obwohl diese Anpassung eigentlich nicht vorgesehen war, die Fremdsoftware sich aber nicht verhält wie geplant. Um solche Folgekosten zu umgehen, sollte sich bei geplantem Einsatz von Fremdsoftware stets gründlich darüber informiert werden, ob zum Beispiel eine Anpassung und/oder Schulung erforderlich ist und welche Kosten dabei anfallen. Besonders vorteilhaft ist es, bei der Kostenabschätzung bereits ein verbindliches Angebot vorliegen zu haben.

Die Messung von Fremdleistungen ist weniger schwierig. Nach Projektabschluss liegen auch hier Rechnungen vor, denen die Kosten detailliert entnommen werden können. Eine projektbezogene Messung kann ebenso vorgenommen werden wie bei den Sachkosten. Die Kosten werden dem Projekt zugeordnet, das die Inanspruchnahme der Fremdleistung notwendig gemacht hat. Eine feinere Verteilung wenn mehrere Projekte Anteile an der Fremdleistung haben, kann im Rahmen der Kostenumlage bzw. der Verrechnung vorgenommen werden.

Die meisten sonstigen Kosten fallen pauschal bei jedem Projekt an. Hier können deshalb in der Regel Durchschnittswerte verwendet werden, sofern nicht für ein Projekt besonders große Kostenblöcke anfallen, die direkt einzeln verrechnet werden können. Die Messung dieser Kosten geschieht meist durch andere Stellen als jene, welche die Leistungen erbringen. Diese stellen dann Rechnungen aus (zum Beispiel für Telefonkosten, Strom, Wasser, Gebäudereinigung etc). Abschreibungskosten können dem betrieblichen Rechnungswesen entnommen werden.

6.2.3 Tools zur Aufwandsschätzung

Um eine höhere Schätzgenauigkeit zu erreichen ist es gerade durch die zunehmende Komplexität und den häufig großen Umfang der Projekte sinnvoll, die Schätzung mit Hilfe einer Software durchzuführen. Mittlerweile ist eine Vielzahl von Software-Tools zur Unterstützung der Aufwandsschätzung auf dem Markt. Im Folgenden sollen die wichtigsten Tools kurz vorgestellt werden.

Function Point Workbench (FPW)

Diese Anwendung unterstützt die Zählung von Function Points zur Ermittlung des geschäftsvorfallbasierten Umfangs einer Software. Durch die Implementierung des Standard IFPUG 4.x (internationale Norm zur Function Points Zählung) wird der Vergleich zu unternehmensfremden Projekten vereinfacht. FPW ermöglicht weiterhin eine strukturierte Vorgehensweise bei der Ermittlung der Function Points, wodurch sich ein wesentlicher Vorteil für den praktischen Einsatz ergibt und die Akzeptanz zur Anwendung gesteigert wird. Außerdem bietet FPW eine integrierte Dokumentations- und Reporterstellungsmöglichkeit, mit der die Zählungen ausgewertet und im Rahmen von Berichten in verschiedenen Formaten ausgegeben werden können.

Checkpoint for Windows (CKWIN) / Knowledge Plan

Checkpoint for Windows (CKWIN), bzw. dessen Folgesystem KnowledgePlan ist ein wissensbasiertes Expertensystem. Es enthält ca. 220 Projektparameter und eine umfangreichen Datenbank von Projektdaten aus ca. 7.600 Projekten aus der Vergangenheit, die durch Daten aus unternehmenseigenen, bereits abgeschlossenen Projekten ergänzt werden kann um eine bessere Anpassung der Wissensbasis an das eigene Unternehmensumfeld zu gewährleisten.Zur Unterstützung und Planung der Aufwandsschätzung bietet es mehrere Funktionen, so zum Beispiel ein Benchmarking mit selbst zusammenstellbaren Portfolios. Durch die große Wissensbasis wird eine frühe Schätzung des Aufwands (Quick Estimate Mode) ermöglicht. Eingegeben werden das Sizing (zum Beispiel in Form von Function Points) und harte Projektdaten wie Projektklassifikationen, Projektziele und eingesetzte Programmiersprachen (bestimm- und messbare Größen) sowie weiche Projektdaten, wie Information über Personal, das Vorgehensmodell der Software-Entwicklung oder Projektumweltfaktoren. Das Ergebnis erfolgt in Form eines Schätzreports, der ein Projektprofil und mehrere Kennzahlen zu dem aktuellen Projekt ausgibt. Im Rahmen der Tool-Integration ist der Austausch mit klassischen Projektmanagement – Tools wie Microsoft-Projekt möglich.

Tascc:Estimator

Tascc:Estimator ist ein Schätztool für objektorientierte, web-basierte oder komponentenbasierte Softwareprojekte. Es unterstützt Schnittstellen zu Together und Rational Rose, deren Systemmodelle in Tascc:Estimator importiert werden können und auch zu Microsoft-Project, in das Daten wie Aufgaben, Projektelemente, Produktionstätigkeiten und Teams exportiert werden können, aus denen dann ein genauer Projektplan erstellt werden kann. Eine Schätzung mit Tascc:Estimator beginnt mit der Erfassung der Projektelemente, die den Projektumfang repräsentieren. Anschließend werden diese Projektelemente bewertet (zum Beispiel nach Komplexität, Größe und Wiederverwendbarkeit). Danach werden die Produktionstätigkeiten definiert und bewertet. Schließlich werden nach einem Berechnungsschema Projektdauer und – kosten ausgegeben.

Bei der Wahl eines solchen Tools sollte berücksichtigt werden, dass es sich in die Systemwelt des Unternehmens gut einpassen muss. So kann das Tool Schnittstellen zu Projektmanagementsystemen, Entwicklungsumgebungen und Abrechnungssystemen unterstützen.

6.3 Kostenumlage bei IT-Projekten

Sollen die Kosten, die bei der Durchführung eines IT-Projektes angefallen sind, im Rahmen einer Kostenumlage an die Projektauftraggeber weitergegeben werden, muss zunächst ein geeignetes Verfahren zur Kostenumlage ausgewählt werden. Da es sich bei IT-Projekten um einmalig stattfindende Leistungen handelt, kommen dabei nur die Umlageverfahren für Einzelleistungen, also das Kostenarten- und das Kostenträgerverfahren, in Frage.

Das **Kostenartenverfahren** sieht vor, nur die Einzelkosten auf die empfangenden Kostenstellen umzulegen, während die Gemeinkosten in der leistungserstellenden Kostenstelle verbleiben. Bei der Kostenumlage für ein IT-Projekt bedeutet dies, dass nur die in Kapitel 6.1 als Einzelkosten festgestellten Kosten verrechnet werden können, während die Kosten für Verwaltungsangestellte, Sachkosten für gemeinsam genutzte Hardware, für mehrere Projekte anfallende Fremdleistungen, Gebäudekosten sowie Arbeitsplatzausstattung als Gemeinkosten in der leistenden IT-Abteilung verbleiben. Da auf Dauer jedoch nur eine Vollkostenrechnung wirtschaftlich ist, müssen die Kosten anderweitig weitergegeben werden um keine Verluste zu machen. Dieses Verfahren kann deshalb nur dann angewendet werden, wenn die leistende Kostenstelle auch laufende Leistungen anbietet, bei denen dann die Gesamtkosten mit umgelegt werden können. Dadurch leidet allerdings der Aspekt der Verursachungsgerechtheit, da die Abnehmer von laufenden Leistungen auch die Gemeinkosten der Abnehmer von Projektleistungen tragen müssen. Auch eine Prüfung der Wirtschaftlichkeit der einzelnen Abteilungen ist dann nicht möglich. Deshalb wird es bei IT-Projekten nur selten angewendet.

Beim **Kostenträgerverfahren** wird das Projekt als eigener Kostenträger behandelt. Zunächst müssen also alle Kosten ermittelt werden, die für das Projekt entstanden sind. Diese Kosten werden in eine eigene „Ausgliederungsspalte" im Betriebsabrechnungsbogen eingetragen. Anschließend wird die leistende Kostenstelle um den darin enthaltenen Betrag entlastet. Die Kosten können dann abgeschrieben oder der leistungsempfangenden Kostenstelle angelastet werden. Da das Kostenträgerverfahren nicht nur verschiedene Varianten der Weiterbehandlung der Kosten, sondern auch die Vollkostenrechnung optimal unterstützt, wird es üblicherweise angewendet, wenn eine Kostenumlage bei IT-Projekten vorgenommen werden soll. Im Folgenden soll deshalb näher auf das Vorgehen einer Kostenumlage bei IT-Projekten mit Hilfe des Kostenträgerverfahren eingegangen werden.

Im Rahmen des Kostenträgerverfahrens können zunächst die in Kapitel 6.1 beschriebenen Einzelkosten zugerechnet werden. Dabei sollte, um eine möglichst hohe Transparenz zu erhalten, ein möglichst hoher Detaillierungsgrad beibehalten werden. Zum Beispiel sollten die direkt zurechenbaren Personalkosten nicht als ein Kostenblock zugerechnet, sondern die Stundenzahlen und die entsprechenden Gehälter in der Umlage aufgeschlüsselt werden. Auf diese Weise kann der Leistungsempfänger nachvollziehen, wie die Kosten entstanden sind.

In einem zweiten Schritt erfolgt die Umlage der Gemeinkosten. Wenn diese Kosten verursachungsgerecht auf alle nutzenden Projekte verteilt werden sollen, müssen sie mit Hilfe entsprechender Schlüssel zugeordnet werden. Welche Schlüssel für eine solche Zuordnung verwendet werden können, wird im Folgenden für die Kostenarten Personalkosten, Sachkosten, Fremdleistungen und einige sonstige Kosten aufgezeigt.

Personalkosten:

Wie bereits in Kapitel 6.1 beschrieben, ist für einige Personalkosten keine eindeutige Zuordnung zu den durchgeführten Projekten möglich. Dabei handelt es sich besonders um die bereits erwähnten Verwaltungskosten, zum Beispiel für die Sekretärin einer Abteilung. Ihre Tätigkeit hat mit den Projekten, die in der Abteilung durchgeführt werden, meist überhaupt nichts zu tun. Im Rahmen der Vollkostenrechnung müssen ihre Kosten dennoch den Projekten anteilig zugeschlüsselt werden. Bei der Ermittlung, nach welchen Schlüsseln die anteilige Belastung stattfinden soll, muss sich an der Tätigkeit der Person orientiert werden. Wie eine solche Verteilung vorgenommen werden kann, soll an einem Beispiel deutlich gemacht werden. Findet in einem Geschäftsjahr nur ein Projekt statt, müssen ihm die vollständigen Verwaltungskosten angelastet werden. Finden jedoch ein Projekt mit größerem und eins mit kleinerem Umfang statt, können die Verwaltungskosten nicht durch zwei geteilt werden und einfach zu gleichen Teilen beiden Projekten angelastet werden. Sinnvoller und verursachungsgerechter wäre es, dem großen Projekt mehr Kosten anzulasten und dem kleinen weniger. Um einen dafür geeigneten Schlüssel zu finden, muss die Verwaltungstätigkeit näher betrachtet werden. Ein großer Teil dieser Arbeit bezieht sich auf die Mitarbeiter, die Kommunikation zwischen den Mitarbeitern und die Gebäude in denen sie arbeiten. Er ist also mitarbeiterbezogen und steigt auch mit der Anzahl der Mitarbeiter. Eine weitere Aufgabe der Verwaltung ist die rechentechnische Bearbeitung der Projekte (Budgetplanung, Rechnungslegung etc.). Diese Tätigkeit steigt mit dem Projektumfang. Da der Projektumfang ebenfalls mitarbeiterbezogen gemessen werden kann (zum Beispiel in Manntagen), liegt es nahe, für die Kostenumlage einen mitarbeiterbezogenen Schlüssel zu verwenden. Zum Beispiel kann als Schlüssel die Anzahl der Manntage verwendet werden, die für ein Projekt aufgewendet wurden. In der Praxis bedeutet dies, dass für die Kostenumlage zunächst der Anteil, den ein Projekt an den gesamten (Mann-) Tagen eines Abrechnungszeitraums (zum Beispiel eines Monats) hatte, in Prozent ermittelt wird. Im Anschluss wird dieser Anteil an den gesamten Verwaltungskosten desselben Abrechnungszeitraums ermittelt und dem entsprechenden Projekt zugerechnet.

Sachkosten:

Bei der Umlage der Sachkosten muss nicht nur über passende Schlüssel nachgedacht werden sondern auch darüber, welche Projekte bei der Umlage berücksichtigt werden sollen. Denn wenn Anschaffungen für ein Projekt getätigt werden müssen und die entsprechenden Güter später auch für weitere Projekte genutzt werden können, gibt es verschiedene Möglichkeiten, die Kosten zu behandeln.

Eine Variante ist, die Kosten als Einzelkosten zu behandeln und vollständig dem Projekt zuzurechnen, für das die Aufwändungen unbedingt erforderlich waren. Als Begründung für ein solches Vorgehen kann angeführt werden, dass das Projekt ohne diese Aufwändungen nicht hätte durchgeführt werden können. Ein weiterer Grund ist, wenn bei der Anschaffung der entsprechenden Güter noch nicht unbedingt bekannt ist, für welche weiteren Projekte sie später eingesetzt werden können; dann ist eine anteilige Zuschlüsselung auf alle Benutzer nicht von vornherein möglich. Der Einsatz der entsprechenden Güter für spätere Projekte darf dann nur mit den für Wartung, Pflege etc, aber nicht mit den Anschaffungskosten berechnet werden. Dabei können allerdings Kosten als Einzelkosten behandelt werden, die in Wirklichkeit vielleicht als Gemeinkosten behandelt werden müssten. Außerdem kann diese Art der Verteilung dazu führen, dass die Abteilung, die belastet wird, das Gefühl hat, die Güter für spätere Nutzer mit zu finanzieren und sich daher zu Unrecht belastet fühlt.

Eine weitere Variante ist, dass solche Kosten zunächst vollständig von der leistenden Abteilung selbst getragen werden und später jedem nutzenden Projekt nach geeigneten Bezugsgrößen als Gemeinkosten zugeschlüsselt werden. Dieses Vorgehen ist jedoch mit einer gewissen Unsicherheit behaftet, da oft nicht vorhergesehen werden kann, ob die entsprechenden Güter überhaupt wieder zum Einsatz kommen oder ob sie auf das spezielle Projekt, für das sie angeschafft wurden, beschränkt bleiben. Es kann nur dann angewendet werden, wenn von vornherein mehr als ein Projekt für die Nutzung der entsprechenden Güter vorgesehen ist. In der Praxis wird die Lösung zwischen diesen beiden Extremen liegen. Die Kosten können zwischen leistender und abnehmender Abteilung geteilt werden. In diesem Fall muss der abnehmende Bereich nicht den vollen Betrag tragen und finanziert auf diese Weise nicht Güter für die Projekte anderer Bereiche mit. Im Gegenzug trägt die leistende Abteilung nicht das volle Risiko, sondern hat die Möglichkeit, die anteilig getragenen Kosten später an andere Nutzer weiterzuverrechnen. Zu welchen Anteilen die Kosten verteilt werden, sollte fallspezifisch entschieden werden und kann variieren, je nachdem wie hoch die Kosten sind und wie wahrscheinlich ein weiterer Einsatz der Güter ist. Dabei ist in jedem Fall zu berücksichtigen, dass hier nur die Kosten verrechnet werden sollen, die für die Durchführung des Projektes angefallen sind, nicht jedoch Kosten, die zum Beispiel für den späteren laufenden Betrieb einer erstellten Software anfallen.

Immer wenn die Kosten auf mehrere Projekte verteilt werden, müssen sie als Gemeinkosten zugeschlüsselt werden. Welche Schlüssel dabei verwendet werden hängt davon ab, um welche Güter es sich handelt. Im Folgenden soll das Ermitteln von passenden Schlüsseln für Hardware und Fremdsoftware nachvollzogen werden.

Bei der Verrechnung von Hardwarekosten kommt es darauf an, um welche Hardware es sich handelt. Hier soll als Beispiel die Anschaffung eines Servers verwendet werden. Um die Anschaffungskosten für einen Server verursachungsgerecht an die Auftraggeber des Projekts weiterzugeben, muss der Anteil gemessen werden, den das Projekt am Server in Anspruch nimmt und dieser Anteil muss dann auf die Anschaffungskosten umgerechnet werden. Um die Inanspruchnahme des Servers durch ein Projekt feststellen zu können, muss die Festplattenbelegung in MB, GB (oder TB), die Auslastung des Arbeitsspeichers und die Belastung des CPU gemessen werden. Diese Messung lässt sich durch Job-Accounting-Systeme realisieren, die für jeden Job aufzeichnen können, welche Ressourcen er verbraucht hat. Die einzelnen Jobs müssen dann den einzelnen Projekten zugeordnet werden. Diese Zuordnung kann realisiert werden, indem die User-IDs der Personen gespeichert werden, die den Job veranlasst haben und zu welcher Zeit sie ihn veranlasst haben. Wenn die Mitarbeiter notieren, wann sie für welches Projekt gearbeitet haben, kann nachvollzogen werden, für welches Projekt welche Anteile des Servers verwendet werden; dieser Prozentsatz kann als Schlüssel verwendet werden. Dieses Vorgehen ist zwar relativ aufwändig, lässt sich aber gut automatisieren und ist dann sehr genau.

Die Zuschlüsselung von Fremdsoftware kann nach einem ähnlichen Prinzip vorgenommen werden. Ein typischer Fall, in dem Fremdsoftware bei einem Projekt eingesetzt wird ist die Software zur Systementwicklung, zum Beispiel als Entwicklungsumgebung, Modellierungstools zur Analyse oder als DBM-System. Aus Wirtschaftlichkeitsgründen entscheidet man sich in Abteilungen, die Dienstleistungen im IT-Bereich erbringen, meist bewusst für Systeme, die auch für andere Projekte verwendet werden können, da die Einarbeitungszeit und die Anschaffungskosten sonst kaum im Verhältnis zum Aufwand stehen würden. Wird eine solche Software angeschafft, müssen die Kosten verursachungsgerecht auf die einzelnen Projekte zugerechnet werden. In diesem Fall müssen verursachungsgerechte Kostenschlüssel ermittelt werden. Welche Schlüssel verwendet werden, hängt von der Art der Programme ab.

Bei Entwicklungsumgebungen und Modellierungstools ist es möglich, als Basis für die Schlüssel die Stundenzahl zu verwenden, welche die Personen an der Software gearbeitet haben. Wenn erfasst wird, für welches Projekt die entsprechenden Mitarbeiter in dieser Zeit gearbeitet haben, kann auf diese Weise ein prozentualer Nutzungsanteil für ein Projekt ermittelt werden. Problematisch bei dieser Methode ist allenfalls, dass dabei eindeutig aufgezeichnet wird, wann welcher Mitarbeiter an welchen Programm gearbeitet hat und auf diese Weise eine Kontrollmöglichkeit geschaffen wird. Um dieses Problem zu umgehen, können die nutzerspezifischen Daten gelöscht werden, sobald die dem Projekt zuzuordnenden Kosten ermittelt sind. Übrig bleibt dann nur die Stundenanzahl aller an dem Projekt beteiligten Mitarbeiter. Wie auch bei den Hardwarekosten kann als Basis für die Kostenumlage der gesamte Anschaffungspreis dienen.

Fremdfirmenleistungen:

Sind Fremdfirmenleistungen nicht als zum Beispiel Programmier- oder Beratungsleistungen eindeutig einem Projekt zuordenbar, müssen sie zugeschlüsselt werden. Dabei kann als Anhaltspunkt dienen, wofür die Fremdfirmenleistungen anfallen. Wenn die Leistungen zum Beispiel für die Anpassung einer Fremdfirmensoftware anfallen, können die Kosten mit demselben Schlüssel verteilt werden,
mit dem die Kosten für die Fremdfirmensoftware zugeschlüsselt werden. Ebenso
verhält es sich mit Kosten, die für die Einrichtung oder Wartung von gekaufter
Hardware anfallen. Diese können dann mit dem Schlüssel für die entsprechende
Hardware weitergewälzt werden. Fremdfirmenleistungen, die am Gebäude anfallen (Reinigung, Wartung, Reparaturen) können mit der Gebäudemiete zusammen
geschlüsselt werden. Schwieriger sind Fremdfirmenleistungen wie Beratungsleistungen, die zu einer Kaufentscheidung für eine bestimmte Software oder Hardware führen. Diese sind jedoch in der Regel als Werbemaßnahme des Herstellers
kostenlos. Einige Fremdfirmenleistungen sind jedoch gar nicht zuordenbar. Zum
Beispiel Beratungsleistungen für eine Reorganisation der eigenen Abteilung oder
der Geschäftsprozesse innerhalb der eigenen Abteilung. Solche Kosten können,
wenn sie im Rahmen einer Vollkostenrechnung mit umgelegt werden müssen, nur
als Gemeinkosten behandelt werden und können, da sie von den durchgeführten
Projekten vollkommen unabhängig sind, nur wie die Verwaltungskosten umgelegt
werden oder zu gleichen Teilen an alle Projekte weitergewälzt werden.

Sonstige Kosten:

Typische Kosten, die für Projekte anfallen, sind Porto- und Telefonkosten, die, wie
in Kapitel 6.1 bereits beschrieben, meist als Gemeinkosten behandelt werden. Sie
fallen größtenteils bei der Verwaltung an und können mit diesem Schlüssel verteilt
werden. Dies gilt jedoch nur dann, wenn die Kosten relativ gering sind. Umfang-
reiche Telefonkosten oder sehr hohe Versandkosten zum Beispiel für Hardware,
oder Reisekosten werden einzeln direkt zugerechnet. Andere Kosten wie Wasser,
Strom und Miete sind Gemeinkosten, die ebenfalls zugeschlüsselt werden müs-

sen. Diese Kosten sind zum größten Teil abhängig von der Anzahl der Mitarbeiter. Ein Mitarbeiter benötigt einen gewissen Raum zum Arbeiten, eine gewisse Menge Wasser und Strom für seinen Arbeitsplatz. Deshalb können die im Bürogebäude anfallenden Kosten über die Personalkosten (Mannstunden) als Schlüssel umgelegt werden. Die Stromkosten für Serverräume sind davon getrennt zu behandeln. Hier kann die Servernutzung als Schlüssel verwendet werden.

6.4 Verrechnungspreise bei IT-Projekten

6.4.1 Projektverhandlung und Preisfindung

Zunehmend werden für die Verrechnung der Kosten von Projekten anstelle von Kostenumlageverfahren feste Verrechnungspreise verwendet. Dabei wird zunächst nach einer Analyse- und Beratungsphase vom internen IT-Dienstleister ein Angebot für die Durchführung des Projektes erstellt. Anhand dieses Angebots kann die leistungsempfangende Abteilung nicht nur abschätzen, ob die für das Projekt anfallenden Kosten dem erwarteten Nutzen entsprechen, sondern es ermöglicht auch einen direkten Vergleich mit den Angeboten externer Firmen (sofern die leistungsempfangende Abteilung die Möglichkeit hat, Leistungen von externen Firmen zu beziehen). Im Anschluss erfolgt dann meist eine Verhandlungsphase, in der sowohl die Preise als auch die durchzuführenden Leistungen vereinbart werden. Sind beide Seiten über Leistung und Preis übereingekommen, wird ein Service Level Agreement vereinbart, in dem der Preis für das gesamte Projekt und die darin enthaltenen Leistungen festgehalten werden. Für die abnehmende Abteilung ist damit, im Gegensatz zur Kostenumlage, von vornherein klar, welche Kosten ihr entstehen werden. Für die leistungserstellende Abteilung ist die Vereinbarung fester Verrechnungspreise insofern ein Risiko, als Abweichungen vom vereinbarten Preis nicht von der empfangenden Kostenstelle getragen werden und Mehrkosten auf der leistungserstellenden Abteilung verbleiben. Dies zwingt jedoch zu einer besseren Planung und der Vermeidung von Unwirtschaftlichkeiten. Eventuell ungeplant auftretende Kosten können außerdem durch einen Gewinnaufschlag im Verrechnungspreis gepuffert werden. Als Basis für die Preisbildung können kosten- oder marktorientierte Preise verwendet werden. In der Praxis werden bei der Verhandlung oft beide Preise herangezogen: der kostenorientierte Preis als Untergrenze und der marktorientierte Preis als Obergrenze.

6.4.2 Kostenorientierte Verrechnungspreise

Für eine Preisermittlung auf Kostenbasis kommen theoretisch alle in Kapitel 4.2.1 beschriebenen Ansätze in Frage. In der Praxis sollten Ansätze, die auf Grenz- oder Teilkosten basieren jedoch nicht dauerhaft in Betracht gezogen werden, da bei diesen Verfahren die fixen Kosten nicht berücksichtigt werden und in den IT-Dienstleistungskostenstellen verbleiben. Dadurch werden Wirtschaftlichkeitsvergleiche unmöglich und eine Verrechnung der Fixkosten im Rahmen der laufenden Leistungen wäre zwar denkbar, aber keinesfalls verursachungsgerecht. Außerdem sollten sich die Verrechnungskonzepte für innerbetriebliche Leistungen bei Einzelprojekten und bei laufenden Leistungen zumindest in den Grundzügen entsprechen. Aus diesen Gründen sollten nur vollkostenbasierte Verfahren verwendet werden. Dabei kommen auch die Varianten „Vollkosten-plus-Zuschlag" und „Two-Step-Pricing" in Frage.

Als Basis für die Preisbildung auf Vollkostenbasis dienen die Kosten, die im Rahmen der Aufwandschätzung ermittelt werden. Für die Berücksichtigung der Gemeinkosten können die selben Schlüssel verwendet werden wie bei der in Kapitel 6.3 beschriebenen Kostenumlage, wobei der Unterschied darin besteht, dass die Kostenbasis für die Verrechnung nicht die Istkosten sind, sondern die in der Aufwandsschätzung ermittelten Sollkosten. Im Rahmen der Vollkosten-plus-Zuschlag-Variante kann bei divisional organisierten Strukturen dem auf diese Weise ermittelten Preis ein zusätzlicher Aufschlag hinzugefügt werden, mit dem Gewinn erwirtschaftet werden, oder der zur Absicherung bei Fehlkalkulationen dienen kann.

Eine weitere Möglichkeit der Verrechnung ist das Two-Step-Pricing, bei dem zunächst alle variablen Kosten abgerechnet werden. Danach werden die leistungsempfangenden Bereiche periodisch (zum Beispiel monatlich) mit einem Betrag für die Abdeckung der Fixkosten und den Gewinn des leistungserstellendes Bereiches belastet. Dieses Verfahren bietet sich jedoch für Projekte weniger an, da eine periodische Abrechnung der Fixkosten für einmalig stattfindende Projekte ungeeignet ist.

In seltenen Fällen kann auch die Methode für Knappheitswerte verwendet werden. Dieses Verfahren ist für Situationen gedacht, in denen die leistungserstellende Abteilung nicht über genügend Kapazitäten verfügt, alle Aufträge zu bearbeiten, also nur eine gewisse Anzahl von Projekten ausführen kann. Wenn keine Erweiterung der Kapazitäten wie zum Beispiel durch eine kurzfristige Einstellung von Fremdfirmenmitarbeitern zur Unterstützung, stattfinden kann, muss sich die Abteilung, welche die IT-Dienstleistungen erbringt, nach bestimmten Gesichtspunkten für die Durchführung einzelner Projekte entscheiden, wobei durchaus auch Vorgaben von zentraler Stelle eine Rolle spielen können. Wenn die Abteilung selbst entscheiden kann, wird sie vermutlich das gewinnbringendste Projekt wählen. Wird bei der Preisbildung jedoch die Knappheitspreismethode gewählt, wird bei allen Projekten derselbe Ertrag erwirtschaftet. Da dieses Verfahren aber kaum als kostenbasiert und mit Sicherheit nicht als verursachungsgerecht oder wirtschaftlich bezeichnet werden kann, wird es so gut wie nie angewendet.

Die in Kapitel 4.2.1 beschriebene Methode der Verrechnung nach variablen Kosten anschließender Gewinnaufteilung ist bei IT-Dienstleistungen kaum möglich, da sie nur für Produkte geeignet ist, die von der leistenden Abteilung an die abnehmende Abteilung abgegeben und von dieser anschließend am Markt abgesetzt werden. Im Rahmen der innerbetrieblicher IT- Dienstleistungen, wie sie hier betrachtet werden, findet ein solcher Leistungsfluss jedoch nicht statt, deshalb wird diese Methode hier nicht berücksichtigt.

6.4.3 Marktorientierte Verrechnungspreise

Um die Akzeptanz der Auftragnehmer zu erhöhen und die Vergleichbarkeit zu externen Anbietern zu erhöhen ist es sinnvoll, für Projekte marktorientierte Preise zu verwenden. Jedoch ist es relativ schwierig, den Marktpreis für ein vollständiges Projekt zu ermitteln, da Projekte meist nicht nur sehr komplex sind, sondern auch speziell auf die Bedürfnisse der leistungsempfangenden Abteilung ausgerichtet sind, so dass es schwierig ist eine entsprechende Standard-Marktleistung zu finden. Um einen realistischen Marktpreis zu erhalten, müssen Angebote von externen IT-Dienstleistern eingeholt werden. Auf Dauer ist ein solches Vorgehen aber nur dann möglich, wenn die leistungsbeziehenden Abteilungen tatsächlich Leistungen von externen Dienstleistern beziehen können, denn nur dann werden externe Dienstleister auch bereit sein, den Aufwand zu betreiben, ein entsprechendes Angebot zu erstellen.

Ist es der leistungsempfangenden Abteilung nicht möglich, externe Dienstleister zu beauftragen, kann versucht werden, den Gesamtpreis des Projektes über die Marktpreise der einzelnen darin enthaltenen Leistungen zu ermitteln. Das Ermitteln der Preise für die Teilleistungen ist nicht allzu schwierig. Für Sachkosten, Fremdfirmenleistungen, Mieten, Wasser, Strom, Versicherungen etc. sind die Marktpreise bekannt, da sie entweder vom externen Markt bezogen werden, oder die Preise für vergleichbare Leistungen allgemein bekannt sind. Lediglich die Preise für die im Rahmen eines Projektes anfallenden Personalkosten sind weniger einfach zu ermitteln. Dafür gibt es mittlerweile kostenpflichtige Listen, denen man die durchschnittlichen Marktpreise pro Stunde für verschiedene Tätigkeiten entnehmen kann. Problematisch ist jedoch, dass bei IT-Projekten oft auch der Nutzen, den der Kunde sich von dem Projekt verspricht, großen Einfluss auf die Preisbildung hat. Durch diese subjektive Komponente sind IT-Projekte im Preis oft anders anzusiedeln als die Summe ihrer Einzelleistungen.

7 Verrechnung laufender IT-Dienstleistungen

7.1 Kostenarten bei laufenden IT-Dienstleistungen

Bei einem großen Teil der unternehmensinternen IT-Dienstleistungen handelt es sich nicht um einmalige Projekte, wie die in Kapitel 6 beschriebenen, sondern um periodenbezogene Leistungen. Ein Beispiel für eine solche laufende Leistung ist, dass eine im Rahmen eines Projektes entwickelte Software gegen eine Gebühr von den Software-Dienstleistern bereitgestellt wird.

Bei periodenbezogenen Leistungen treten ähnliche Kostenarten auf wie bei den projektbezogenen Leistungen, wobei der Schwerpunkt der Leistungen hier auf der Pflege der Systeme liegt. Auch beim Erbringen von laufenden Leistungen findet sich die in Kapitel 6 bereits beschriebene Trennung von Rechenzentrum und Software-Dienstleistungen. Bei der Verrechnung laufender Leistungen macht sich dieser Trend sehr viel stärker bemerkbar als bei der Verrechnung von einzelnen Projekten. Ein Grund dafür ist, dass das Rechenzentrum hier sowohl die Software-Dienstleister als auch die Endkunden selbst beliefert. Dadurch ergibt sich ein anderer Leistungsfluss, was wiederum Folgen für die Leistungsverrechnung, besonders für die Kostenumlage, hat. Die sich dabei ergebende Leistungsverflechtung entspricht dem in Kapitel 2.4 beschriebenen Typ III. Wenn selbst erstellte Software oder die Pflege von Software im Rechenzentrum durch die Software-Dienstleister angeboten werden, entsteht sogar ein Leistungsfluss vom Typ IV. Dies ist jedoch selten der Fall, weshalb an dieser Stelle nicht weiter darauf eingegangen wird.

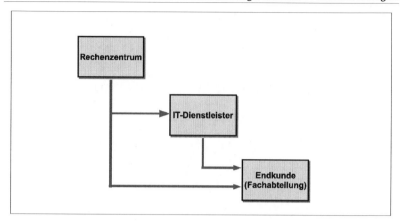

Abbildung 7.1: Leistungsverflechtung bei laufenden Dienstleistungen

Es ergeben sich folgende Leistungsflüsse: Das Rechenzentrum bietet und berechnet dem Software-Dienstleister dessen Verwendung von Arbeitsplätzen, deren Bandsicherung, Netzwerk- und Email-Nutzung. Dieselben Kostenplätze werden vom Rechenzentrum aus auch den Kunden in den andern Fachabteilungen
angeboten und berechnet. Die den Software- Dienstleistungsabteilungen entstehenden RZ-Kosten werden den Kunden in den anderen Fachbereichen im Rahmen einer Vollkostenrechnung als Gemeinkosten weiterverrechnet. Das Rechenzentrum berechnet den anderen Fachbereichen auch die Kosten, die bei der Nutzung der Software entsteht, die durch die Software-Dienstleistungsabteilungen
angeboten wird.

Wie bei der Verrechnung von Projektleistungen können auch bei periodenbezogenen Leistungen die in Kapitel 3 und 4 beschriebenen Methoden zur Umlage,
bzw. Verrechnung von innerbetrieblichen Leistungen angewendet werden. Um
die einzelnen Ansätze der Verrechnungspreisbildung berücksichtigen zu können,
müssen auch hier die einzelnen Kostenarten ermittelt und in variable und fixe
Kosten differenziert werden. Das Anbieten der Leistungen wird als Rahmenbe-
dingung betrachtet, deren Anforderungen mindestens erfüllt sein muss, wobei als

Einflussgröße die Intensität der Nutzung der Leistungen verwendet wird. Dabei kann die Intensität der Nutzung sowohl eine steigende Nutzeranzahl sein als auch eine stärkere Nutzung durch die einzelnen Nutzer.

Bei der Betrachtung der anfallenden Kostenarten kann dieselbe Einteilung in Personalkosten, Sachkosten, Fremdfirmenleistungen und sonstige Kosten verwendet werden. Eine Tabelle möglicher Kostenarten für laufende IT-Dienstleistungen findet sich im Anhang.

Personalkosten:

Bei der Abgabe laufender IT-Dienstleistungen fallen verschiedenste Arten von Personalkosten an, darunter Kosten für Wartung, Support, Programmierleistungen etc. Allerdings ist die Zuordnung von Stunden, die Mitarbeiter auf eine bestimmte Leistung verwendet haben, für periodenbezogenen Leistungen nur schwer festlegbar. Ursache hierfür ist, dass zum Beispiel bei der Wartung der Server gleich mehrere Leistungsnehmer bedient werden. Zwar gibt es auch bei der periodenbezogenen Leistungserstellung viele eindeutig einer Leistung zuordenbare Tätigkeiten, so zum Beispiel das Anlegen eines neuen Users oder (Telefon-) Support. Jedoch sind diese Leistungen oft von so kleinem Umfang, dass die für sie verwendete Arbeitszeit nicht direkt festgehalten wird. Außerdem werden Änderungen und Weiterentwicklung von Programmen zum Teil nicht von den Anwendern beauftragt, sondern sie sind aus technischen Gründen oder Integrationsgründen erforderlich. In einem solchen Fall fehlt der Verursacher, was eine verursachungsgerechte Leistungsverrechnung erschwert.

Personalkosten bei periodenbezogenen Leistungen haben einen sprungfixen und einen variablen Anteil. Erst ab einem bestimmten Aufwand an Mitarbeitern und Stunden können die Leistungen bereitgestellt werden. Dieser Aufwand für Wartung und Bereitstellung von Servern, Software etc. bleibt relativ konstant, auch wenn die Nutzung der Leistungen steigt. Dieser Anteil der Personalkosten fällt als sprungfixe Gemeinkosten an. Der Aufwand für Support, Benutzerverwaltung etc. hingegen ist variabel und von der Anzahl der Benutzer und der Häufigkeit der Nutzung abhängig. Die dafür anfallenden Kosten können als Einzelkosten direkt zugerechnet werden, sofern der Aufwand für die Einzelabrechnung dieser Leistungen den Nutzen nicht überschreitet, ansonsten werden die Leistungen nicht einzeln erfasst und als Gemeinkosten behandelt.

Sachkosten:

Für die Bereitstellung von laufenden IT-Dienstleistungen fallen eine Reihe verschiedener Sachkosten an, darunter Hardwarekosten, Kosten für Büroeinrichtungen, Datenträger etc. Die meisten Hardwarekosten, wie zum Beispiel Server, sind bei laufenden IT-Dienstleistungen nicht eindeutig einzelnen Leistungen zuordenbar und deshalb als Gemeinkosten zu betrachten. Eine Ursache dafür ist, dass es durchaus im Interesse der IT-Dienstleister ist, wenn sich mehrere Anwender einen Server teilen und einheitliche Produkte wie dieselbe Software und DBM- Systeme verwenden, denn auf diese Weise lässt sich der Arbeitsaufwand für Wartung und Betreuung reduzieren, auch wenn sich dadurch das Problem der Entstehung von nicht eindeutig zurechenbaren Kosten ergibt. Benötigt ein Anwender jedoch einen eigenen Server oder eine ausgefallene Hard- oder Software, die außer ihm keiner in Anspruch nimmt, entstehen Einzelkosten. Auch Datenträger, Papierverbrauch etc. können als Einzelkosten abgerechnet werden, hier tritt jedoch meist das bereits erwähnte Problem auf, dass diese Leistungen und ihre Kosten zu geringfügig sind, als dass sie tatsächlich dem verbrauchenden User einzeln zugeordnet werden.

Sachkosten für Hardware sind für gewöhnlich sprungfix. Wenn eine Leistung bereitgestellt werden soll, fällt ein fixer Betrag für die bereitzustellende Hardware etc. an, der durch die Intensität der Nutzung zunächst nicht beeinflusst wird. Erst wenn die Nutzung die Kapazität der Hardware übersteigt, muss diese erweitert werden. Dies geschieht jedoch nicht proportional zur Nutzung, sondern es wird ein weiterer fixer Betrag fällig (zum Beispiel für einen zweiten Server, für mehr Arbeitsspeicher...).

Fremdleistungen:

Sowohl in Rechenzentren als auch in Software-Dienstleistungsabteilungen können Fremdleistungen in Anspruch genommen werden.

Mit den Kosten für Fremdleistungen verhält es sich ähnlich wie mit den Sachkosten. Meist sind die Fremdleistungen wie Programmierung, Installationen, Anpassungen oder Schulungen nicht für einen speziellen Anwenderkreis, bzw. über ein
Service Level Agreement einer speziellen Leistung, zuordenbar und fallen deshalb als Gemeinkosten an.

Fremdleistungen sind meist insofern fix, als die Fremdleistung für die Bereitstellung einer Leistung entweder erforderlich ist oder nicht. Dabei ist die Höhe der
Kosten für die Fremdleistung aber nicht von der Nutzungsintensität der Leistung
abhängig.

Sonstige Kosten:

In Rechenzentren und Software-Dienstleistungsabteilungen fallen eine Reihe weiterer, nicht direkt leistungsbezogener Kosten an.

Außer Porto- und den Telefonkosten, die einzeln abgerechnet werden können, jedoch trotzdem häufig als Gemeinkosten auftreten, weil die Erfassung zu aufwändig wäre, sind die meisten anderen Kosten, wie die Kosten für Wasser, Strom,
Miete etc., Gemeinkosten. Zwar ist dies stets im Einzelfall zu prüfen, jedoch sind
die meisten Kosten keiner eindeutigen Leistung zuordenbar. Auch ist im Einzelfall
zu entscheiden, ob die Kosten fix oder variabel sind, meist sind sie jedoch nicht
von der Nutzungsintensität der angebotenen Leistungen abhängig und somit Fixkosten.

Anhand der ermittelten Kostenarten wird deutlich, dass beinahe alle Kosten, die
bei laufenden Leistungen anfallen, fixe Gemeinkosten sind. Das erschwert die
verursachungsgerechte Verrechnung stark, da diese Kosten weder durch den
Kunden beeinflusst werden, noch einer Leistung eindeutig zugeordnet werden

können. Da fixe Gemeinkosten jedoch von vornherein bekannt sind, wird dadurch die Schätzung der für die Leistungen anfallenden Kosten erheblich erleichtert. Weil die Abrechnung laufender Leistungen periodisch erfolgt und Anpassungen der zu verrechnenden Beträge deshalb einfacher sind, spielt die Vorabschätzung der Kosten jedoch insgesamt eine kleinere Rolle als bei Projekten.

7.2 Kostenumlage bei laufenden IT-Dienstleistungen

Sollen die Kosten, die bei einer laufenden IT-Dienstleistung entstehen, im Rahmen einer Kostenumlage auf die Empfänger der Leistung weitergewälzt werden, kommen verschiedene Methoden in Frage. Die anteilige Kostenumlage, die Kostenstellenumlageverfahren (Anbau- und Stufenverfahren) sowie die Kostenstellenausgleichsverfahren (Gleichungs- und Iterationsverfahren). Welches dieser Verfahren letztendlich verwendet werden soll, ist von der gewünschten Genauigkeit der Verrechnung und der Verflechtung der innerbetrieblichen Leistungen abhängig.

Zunächst sollte die gewünschte Genauigkeit der Verrechnung festgelegt werden. Dabei muss bedacht werden, dass zwar von den Leistungsabnehmern eine möglichst große Genauigkeit gefordert wird, jedoch sollte der Aufwand, den die IT-Dienstleister für das Erreichen der genauen Lösung erbringen müssen, nicht den Nutzen, der dabei erzielt wird, übersteigen.

Das zweite Kriterium für die Wahl eines Verfahrens ist die Stärke der innerbetrieblichen Leistungsverflechtung. Diese hängt maßgeblich davon ab, wie die IT-Abteilungen strukturiert sind, d.h. wie die Kostenstellenbildung vorgenommen wurde.

Die am häufigsten durchgeführte Einteilung ist die bereits beschriebene in Rechenzentren und Programmier-Dienstleistungen, also technische und Software-

Leistungen. Innerhalb dieser Aufteilung können weitere Gruppierungen vorgenommen werden. So können zum Beispiel ähnliche Aufgabenbereiche nach Funktionalität oder Nutzergruppen, sofern sie groß genug sind, in Kostenstellen zusammengefasst werden. Diese sind letztendlich aber meist den beiden Hauptgruppen Rechenzentrum und Software-Leistungen untergeordnet. Zwischen den einzelnen Unterbereichen dieser beiden Oberkategorien gibt es eher selten Leistungsverflechtungen. Der Hauptleistungstransfer zwischen IT-Dienstleistern ist der in Kapitel 7.1 bereits beschriebene von Typ III.

Dies schränkt die Auswahl der möglichen Verfahren bereits ein, da sich das Verfahren der **anteiligen Kostenumlage** vor allem für Leistungsverflechtungen von Typ I und II eignet und deshalb an dieser Stelle für eine Kostenumlage nicht in Frage kommt.

Für Leistungsverflechtungen vom Typ III eignen sich besonders die Kostenstellenumlageverfahren, also das Anbau- und das Stufenverfahren. Damit bei der Verwendung des Anbauverfahrens die Leistungsverflechtung vom Typ III berücksichtigt werden kann, muss das zweistufige Anbauverfahren verwendet werden. Dafür müssen die sekundären Kostenstellen in zwei Gruppen aufgeteilt werden, wobei jeweils der Leistungsfluss der Kostenstellen der ersten zur zweiten Gruppe berücksichtigt wird, gegenläufige Leistungen jedoch nicht. Im Fall von IT-Dienstleistungen ist die Zuteilung der Kostenstellen zu den beiden Gruppen problematisch, da IT-Dienstleister nicht nur Endkostenstellen, sondern auch Vorkostenstellen wie zum Beispiel Beschaffung oder Controlling beliefern können. Diese Kostenstellen, welche IT-Dienstleistungen von Rechenzentrum und Software - Dienstleistern empfangen können, müssen in jedem Fall der Gruppe 2 zugeordnet werden. Dann müssen jedoch Rechenzentrum und Software-Dienstleister der Gruppe 1 zugeordnet werden, was zur Folge hat, dass die Leistungen, die das Rechenzentrum an die Software-Dienstleister abgibt, nicht berücksichtigt werden können. Um diesen Leistungsfluss berücksichtigen zu können, müsste das Rechenzentrum der Gruppe 1 und die Software-Dienstleister der Gruppe 2 zugeordnet werden, was aber dazu führen würde, dass Leistungen, die von den Software-Dienstleistern an andere sekundäre Kostenstellen abgegeben werden, nicht berücksichtigt werden können. Beide Varianten würden zu so großen Ungenauigkeiten führen, dass das Anbauverfahren nicht verwendet werden kann.

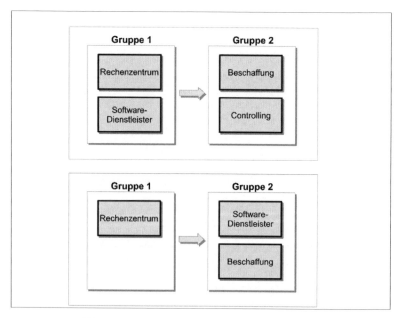

Abbildung 7.2: Alternativen des Anbauverfahrens

Das **Stufenleiterverfahren** ist sehr viel besser in der Lage, die bei IT-Dienstleistungen stattfindenden Leistungsströme abzubilden. Dafür müssen die Kostenstellen so sortiert werden, dass möglichst wenig gegenläufige Leistungsströme stattfinden. Jede Kostenstelle darf nur von den ihr vorgelagerten Kostenstellen Leistungen empfangen und nur an die ihr nachgelagerten Kostenstellen Leistungen abgeben. Eine sinnvolle Sortierung ist, die allgemeine Kostenstellen (Wasser, Strom, etc.)

an die ersten Stellen zu setzen, dann das Rechenzentrum anzuschließen, die Software-Dienstleister folgen zu lassen, die sekundären Fachbereichs-Kostenstellen ihren Leistungsabgaben entsprechend zu platzieren und schließlich mit Endkostenstellen abzuschließen.

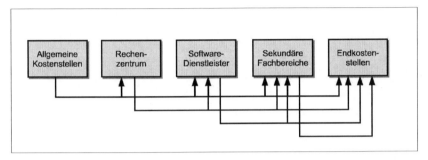

Abbildung 7.3: Stufenleiterverfahren für laufende IT-Dienstleistungen

Steht die Abrechnungsreihenfolge fest, müssen die Umlagesätze gebildet werden. Dies geschieht, indem der Reihenfolge nach zunächst die Kosten, die in der abzurechnenden Kostenstelle entstehen mit den Kosten, die sie von den vorgelagerten Kostenstellen empfangen hat, addiert werden. Davon werden eventuelle Eigenverbräuche abgezogen. Der so entstandene Betrag wird durch die Menge der abgegebenen Leistungseinheiten dividiert, das Ergebnis sind die weiterzuwälzenden Kosten pro Mengeneinheit. Diese Kostenumlage wird für jede leistungsempfangende Kostenstelle mit der Summe der an sie abgegebenen Mengeneinheiten multipliziert. Im Folgenden soll näher auf die Bildung von Umlagesätzen für Rechenzentren und Software-Dienstleister eingegangen werden.

Dafür muss zunächst ermittelt werden, welche Kosten für Leistungen anfallen, welche die IT- Dienstleister von den ihnen vorgelagerten Kostenstellen beziehen. In Rechenzentren machen den größten Anteil dieser Kosten gewöhnlich die Stromkosten aus, da nicht nur Server etc. mit Strom betrieben werden müssen, sondern die Räume, in denen die Server und Großrechner betrieben werden, auch entsprechend klimatisiert werden müssen, was ebenfalls erhebliche Strom-kosten verursacht. Die Höhe dieser Kosten, ebenso wie die Wasserkosten etc. werden dem Rechenzentrum in Rechnung gestellt und können den entsprechen-den Rechnungsunterlagen entnommen werden. Bei den Software-Dienstleistern hingegen ist der größte Kostenblock, den sie von den ihnen vorgelagerten Kosten-stellen empfangen, die Kostenumlage vom Rechenzentrum. Die Höhe der Beträ-ge kann den entsprechenden internen Abrechnungsunterlagen entnommen wer-den.

In einem zweiten Schritt müssen die Kosten ermittelt werden, die den Dienstleis-tern bei der Abgabe ihrer Leistungen selbst angefallen sind. Welche Kosten dabei anfallen können und wie diese gemessen werden, wurde in Kapitel 7.1 bereits be-schrieben.

Sind die Gesamtkosten bekannt, die mit Hilfe des Stufenleiterverfahrens auf die leistungsempfangenden Kostenstellen verteilt werden sollen, müssen Leistungs-einheiten ermittelt werden, mit denen die bezogenen Leistungen messbar ge-macht werden können. In den Tabellen 7.1 sowie 7.2 wird eine Liste solcher Ver-brauchseinheiten für die wichtigsten Leistungsarten, die von Rechenzentren und von Software-Dienstleistern angeboten werden, dargestellt.

Leistungsarten für Software-Dienstleister	Leistungseinheiten
Anwendungsentwicklung	Stunde
Datenerfassung	Anschläge, zum Beispiel 1000 Zeichen
Service Units	Anzahl
Schulung	Tage oder Stunden

Tabelle 7.1: Messung von Leistungsarten für Software-Dienstleister

Leistungsarten für Rechenzentren	Leistungseinheiten
CPU-Zeit	1 MIPS-Std.
Plattenplatz	1 MB-Monat oder 1 GB-Monat oder 1 TB-Monat
Plattenzugriffe, I/O	1.000 Stück
Magnetband/Kassetten-Zugriffe, I/O	1.000 Stück
Magnetband/Kassetten-Lagerung	Rolle pro Monat
Magnetband/Kassetten-Einheit-Belegung	Stunde oder Monat
Druck	1.000 Zeilen, A4 à m50 Zeilen
DFÜ-Steuereinheit	1 Monat
DFÜ-Leitungs-Anschluss	1 Monat
DFÜ-Übertragung	1 Mrd. Zeichen (GBytes) Anzahl, Menge, Entfernung
Bildschirm-Anschluss oder Anschaltzeit	Stunde oder Monat
Bildschirm-Geräte-Miete	Monat
Bildschirm-Arbeitsplatz	Monat (à 100 Std.)
PC/Workstation-Anschluss oder Anschaltzeit	Stunde
PC/Workstation-Geräte-Miete	Monat
PC/Workstation-Betreuung	Monat
PC/Workstation-Arbeitsplatz	Monat (à 100 Std.)
Drucker-Anschluss oder Anschaltzeit	Stunde
Drucker-Geräte-Miete	Monat
System-Arbeit, einschl. Benutzer-Service	Stunde
DB-Call	Anzahl
LOGON-Zeit	Stunden
Mounts	Anzahl
Job	Anzahl
Leitungen/Anschlüsse	Anschlussmonate
Support	Zeit/Aufwand
Email	Accounts und Speicherplatz in MB oder GB
Telefon/Fax	Einheiten

Tabelle 7.2: Messung von Leistungsarten für Rechenzentren

Um diese Leistungen den Nutzern in Rechnung stellen zu können ist es notwendig, die Leistungseinheiten zu messen, welche die einzelnen Nutzer verbraucht haben. Die Messung der meisten hardwarebezogenen Leistungseinheiten (CPU-Zeit, Festplattenspeicher, etc.) kann mit Hilfe von Job-Accounting-Systemen vorgenommen werden. Diese erfassen Basisdaten in Maschinenprotokollen, verdichten sie und bereiten sie analytisch auf, kombinieren sie nach bestimmten Kriterien und geben sie nach Bedarf flexibel aus. Einige Job-Accounting-Systeme sind sogar in der Lage, die gemessenen Daten direkt mit zuvor vorgegebenen Kostensätzen zu multiplizieren und automatisch Abrechnungen zu erstellen.[1] (Ein solches System ist zum Beispiel MVS (Multiple Virtual Storage) von IBM. Hier werden in sogenannten SMF-Sätzen die Leistungseinheiten der Hardwarekomponenten gespeichert.) Für verschiedene Hardware gibt es unterschiedliche Systeme, mit denen sich die Leistungseinheiten messen lassen, zum Beispiel für Bandsicherungsmaschinen, Drucker, Datenbanken, Telefonanlagen, Netze etc. Diese Automatisierung der Messung von Leistungseinheiten bezieht sich vor allem auf die Leistungen, die in Rechenzentren erbracht werden. Die Leistungen der Software-Dienstleister können meist weniger leicht automatisiert gemessen werden, sondern müssen von den Mitarbeitern während oder nach der Leistungsabgabe notiert werden, wie zum Beispiel Supportleistungen. Doch auch hier können IT-Systeme unterstützend angewendet werden, wie zum Beispiel Help-Desk-Systeme bei der Abgabe von Support-Leistungen.

Um die Kostenumlage etwas verursachungsgerechter zu gestalten wird meist, anstelle alle Kosten und alle Leistungseinheiten zu summieren und einander gegenüberzustellen, ausgewählt, welche Kosten auf welche Leistungseinheiten verteilt werden. Man ordnet dafür bestimmte Kostenarten entsprechenden Leistungen zu. Ein Beispiel für eine solche Zuordnung findet sich in Tabelle 7.3.

---

[1] Seibt (1990), S. 120.

Leistungen	Kostenarten
Server/Rechner:	Hardware (Miete, Leasing, Wartung, kalkulatorische Abschreibung) Betriebssystem betriebssystemnahe Software (Treiber etc.) Anwendungssoftware Personalkosten (Administratoren, Support) anteilige Kosten für Räume und Infrastruktur Energiekosten evtl. Leerkosten / Kosten für Overhead
Plattenspeicher/ Externspeicher:	Laufwerke (Miete, Leasing, kalkulatorische Abschreibung, Wartung) Steuereinheiten anteilige Kosten für Räume und Infrastruktur Energiekosten Plattenstapel evtl. Leerkosten / Kosten für Overhead
Bandspeicher(Archivierung):	Bandstationen (Miete, Leasing, kalkulatorische Abschreibungen, Wartung) Magnetbandkassetten anteilige Kosten für Räume und Infrastruktur Energiekosten evtl. Leerkosten / Kosten für Overhead Personalkosten (Administratoren, Support, Archivierung)
Drucker:	Drucker (Miete, Leasing, kalkulatorische Abschreibungen, Wartung) Personalkosten (Administratoren, Support, Archivierung, ggf. Ausgabekontrolle) Materialkosten (Papier, Farbpatronen, Toner...) Energiekosten evtl. Leerkosten / Kosten für Overhead
Netzwerk:	Hardware (Miete, Leasing, kalkulatorische Abschreibungen, Wartung) Energiekosten Verkabelung (Materialkosten, Verlegekosten) Repeater Kopplungskomponenten (Bridges, Router, Verteilsysteme) Netzserver Netzadministration Wartung der Netzkomponenten Leitungsgebühren bei DFÜ-Zugang
Telefonsupport:	Personalkosten Arbeitsplatz (Miete, Support) Raumkosten Softwarekosten

Tabelle 7.3: Zuordnung von Kostenarten zu Leistungen

Anschließend werden die jeweils für eine Leistungsart anfallenden Kosten durch die Anzahl der innerhalb einer Periode insgesamt abgegebenen Leistungseinheiten dividiert. Auf diese Weise ergibt sich der Kostenumlagebetrag pro Leistungseinheit. Für jede Kostenstelle wird dann die Anzahl der von ihr in Anspruch genommenen Leistungseinheiten mit diesem Kostenumlagebetrag multipliziert. Dadurch ergeben sich die Kostenumlagen, welche die einzelnen Kostenstellen zu tragen haben.

Um höhere Genauigkeit zu erreichen, können für die Kostenumlage von laufenden IT- Dienstleistungen auch **Kostenstellenausgleichsverfahren** verwendet werden. Um jedoch ein Gleichungs- oder ein Iterationsverfahren durchführen zu können, muss eine entsprechende Software verwendet werden. Eine solche Software ist zum Beispiel proALPHA der Firma Codex, dessen Kostenrechnungsmodul sowohl das Stufenleiterverfahren als auch das Gleichungsverfahren unterstützt.[2]

---

[2]Software der Firma Codex: http://www.codex.ch

7.3 Verrechnungspreise und Produktbildung

7.3.1 Kostenorientierte Verrechnungspreise

Bei der Bildung von Preisen für laufende Leistungen verhält es sich ähnlich wie bei der Preisbildung für IT-Projekte. Theoretisch kommen alle in Kapitel 4.2 beschriebenen Methoden zur Verrechnungspreisbildung in Frage. In der Praxis ist es jedoch nicht sinnvoll, Ansätze auf Grenz- oder Teilkostenbasis zu verwenden, da bei diesen Verfahren die Fixkosten bzw. die Gemeinkosten nicht verrechnet werden können und auf den IT-Dienstleistungskostenstellen verbleiben. Dadurch wird eine Wirtschaftlichkeitsprüfung der einzelnen Kostenstellen unmöglich und es entstehen Verluste bei den IT-Dienstleistern. Deshalb kommt auf Dauer nur ein vollkostenbasierter Ansatz in Frage.

Das Vorgehen beim Ermitteln eines vollkostenbasierten Verrechnungspreises ähnelt stark der in Kapitel 7.2 bereits beschriebenen Ermittlung der Kostenumlagesätze bei Verwendung des Stufenleiterverfahrens. Der Hauptunterschied besteht darin, dass bei der Bildung von Verrechnungspreisen im Voraus geschätzte Sollkosten und nicht bereits angefallene Istkosten verwendet werden. Zunächst müssen also die anfallenden Kosten geschätzt werden. Wie in Kapitel 7.1 bereits festgestellt, ist dies bei laufenden IT-Dienstleistungen weniger schwierig als bei IT-Projekten, da der größte Teil der anfallenden Kosten aus fixen Gemeinkosten besteht. Die Zuordnung der einzelnen Kostenarten zu den Leistungen und die Messung durch die Leistungseinheiten entspricht denen, die in Kapitel 7.2 in den Tabellen 7.2 und 7.1 bereits beschrieben wurden. Die Preisbildung für die einzelnen Leistungseinheiten erfolgt ähnlich wie die Berechnung der Kostenumlagen in Kapitel 7.2. Allerdings ist hier nicht im Voraus bekannt, wie viele Leistungseinheiten in der folgenden Periode, für welche die Preise ermittelt werden sollen, abgegeben werden. Um also einen Preis festlegen zu können, durch den die anfallenden Kosten möglichst gedeckt werden, muss geschätzt werden, wie viele Leistungen voraussichtlich in der nächsten Periode abgegeben werden. Diese

Schätzung wird durch die Vereinbarung von Service Level Agreements erleichtert, in denen auch die Anzahl der Nutzer und die Nutzungsintensität der Systeme festgehalten werden können. Dann können die jeweils für eine Leistungsart anfallenden Kosten durch die Anzahl der voraussichtlich innerhalb einer Periode insgesamt abgegebenen Leistungseinheiten dividiert werden. Auf diese Weise ergibt sich dann der Verrechnungspreis pro Leistungseinheit.

Die Methoden der Knappheitswerte und der Gewinnaufteilung sollten bei laufenden Leistungen nicht verwendet werden, denn dies würde nicht nur die Preise verzerren, sondern auch die Prüfung der Wirtschaftlichkeit der einzelnen Kostenstellen verhindern.

Der Einsatz des Two-Step-Pricing ist zwar möglich, das Verfahren wird in der Praxis aber nur selten verwendet. Beim Two-Step-Pricing werden den Abnehmern der laufenden Leistungen nur jene Kosten berechnet, die tatsächlich an der Leistungsabnahme gemessen werden können; die Gemeinkosten werden hingegen mit einem monatlichen Betrag zusätzlich den abnehmenden Bereichen belastet. Da bei IT-Dienstleistungen, wie bereits festgestellt wurde, die meisten Kosten Gemeinkosten sind, ist diese Art der Verrechnung kaum möglich.

7.3.2 Marktorientierte Verrechnungspreise

Um die Akzeptanz der Verrechnungspreise innerhalb des Unternehmens zu steigern und die Vergleichbarkeit der Leistungen mit externen IT-Dienstleistern zu erhöhen, ist es sinnvoll, auch interne IT-Dienstleistungen zu Marktpreisen anzubieten.

Dies gestaltet sich bei laufenden IT-Dienstleistungen jedoch schwieriger als bei einzeln abzurechnenden Projekten. Bei einem IT-Projekt ist es möglich, Preise für die Durchführung des ganzen Projektes oder für Teilleistungen bei externen IT-Dienstleistern einzuholen.

Der Markt für laufende IT-Dienstleistungen ist jedoch sehr viel stärker begrenzt, denn laufende IT-Dienstleistungen wie die Verwaltung von Servern oder das Vermieten von Arbeitsplätzen finden meist nur innerhalb eines Unternehmens statt, es fehlt also ein externer Markt. Um einen Marktpreis für solche Leistungen zu erhalten, müssten also die Preise ermittelt werden, die in anderen internen Märkten für vergleichbare Leistungen verlangt werden. Da die IT jedoch mittlerweile als wichtiger Wettbewerbsfaktor betrachtet wird, geben die wenigsten Unternehmen Einblick in ihre internen IT-Dienstleistungen und deren Preise.

Mit der Lösung dieses Problems sind verschiedene Organisationen und Projektkreise betraut. Eines der größten Projekte dieser Art ist das „Europäische Gemeinschaftsprojekt für IT- Benchmarking", das regelmäßig die kostenpflichtige "Marktpreis-Analyse für die IT- Infrastruktur" herausgibt. Dieses Projekt existiert seit Mitte der 80er Jahre und derzeit beteiligen sich daran über 240 Service-, Konzern- und Gruppen-RZ aus Österreich, Schweiz, Skandinavien und Deutschland mit über 5.000 Rechnern und einem Gesamtumsatz von ca. 2,3 Mrd. Euro. In der Studie, die von der Projektgruppe herausgegeben wird sind Preistabellen und Profile enthalten, aus denen sich die durchschnittlichen Preise für IT-Dienstleistungen der Teilnehmer ablesen lassen. Dabei werden alle Berechnungsschritte offen gelegt, lediglich die Identität der Teilnehmer bleibt anonym. Weitere kommerzielle Listen, denen Preise für IT- Dienstleistungen entnommen werden können sind das „IT-Marktpreis-Barometer", die „Marktpreise für SAP-Dienste", die „Instant-Analyse der IT-Infrastruktur" und per Faxabruf von „getfax" der monatliche „MIX – Index der Marktpreise".[3]

Die Marktpreise, die diesen Studien entnommen werden können, sind jedoch größtenteils Preise für einzelne Leistungseinheiten, nicht für ganze Leistungspakete oder Produkte. Da die teilnehmenden Unternehmen nur die anonymisierten Preise für die einzelnen Leistungseinheiten bereitstellen, verständlicherweise jedoch nicht den näheren Systemzusammenhang, kann nicht nachvollzogen werden, wie die Preise zu Stande kommen und welche Einflussfaktoren der jeweiligen Unternehmen zu berücksichtigen sind. Deshalb bleibt fraglich, in wieweit

---

[3]Michels (2008).

solche Marktpreis-Tabellen hilfreich sind.

Ein verhältnismäßig neuer Trend, der mehr Transparenz für Preise laufender IT-Dienstleistungen schaffen kann, ist das „Application Service Providing" (ASP). Mit dem ASP haben Dienstleistungsunternehmen auch die laufenden IT-Dienstleistungen als Produkt entdeckt. Gerade kleinen und mittelständischen Firmen, welche nicht in der Lage sind, die entsprechenden IT-Dienstleistungen selbst bereitzustellen, wird damit die Möglichkeit geboten, diese Leistungen von externen Anbietern zu beziehen. Der IT-Dienstleister stellt dafür Software auf einem zentralen Server zur Verfügung, die von den Kunden gemietet werden kann. Da der Provider die Software meist nicht nur für einen Exklusivpartner sondern möglichst vielen Kunden. zur Verfügung stellt, verteilen sich die Kosten auf mehrere Kunden, was zur Folge hat, dass die Dienstleistung preisgünstiger angeboten werden kann. Als Nebeneffekt ergibt sich, dass sich hier aus kostenrechnerischem Aspekt eine ähnliche Situation ergibt, als würden laufende IT- Dienstleistungen von einem internen Dienstleister angeboten werden. Auf diese Weise existieren für einige der internen IT-Dienstleistungen tatsächliche Marktpreise. Um diese Preise ermitteln zu können, kann ein Unternehmen auf einen solchen ASP-Dienst zurückgreifen und diesen mit seinen internen Preisen vergleichen.

7.3.3 Produktbildung

Ein wichtiger Faktor, der bei der Bildung von Verrechnungspreisen für laufende Leistungen beachtet werden muss ist, dass das Festlegen von Preisen für die einzelnen Leistungseinheiten zwar sinnvoll und wichtig ist für die Transparenz der Preisentstehung, im Hinblick auf die Kundenorientierung jedoch nicht ausreicht. Schließlich ist es für den Kunden, der über die Abnahme der Leistungen entscheidet und oft nicht über umfassende IT-Kenntnisse verfügt, nicht hilfreich, die Preise für MB-Monate, MIPS und Bandsicherungen zu kennen. Er kann nicht einschätzen, wie viele dieser Einheiten er in Anspruch nehmen wird und dadurch auch nicht, welche Kosten insgesamt auf ihn zukommen werden. Diese Situation wird dadurch erschwert, dass der Kunde Preise für Einzelleistungen sowohl vom Rechenzentrum als auch von verschiedenen IT-Service-Abteilungen (zum Beispiel für unterschiedliche Systeme) erhält. Dadurch ist es kaum möglich den Überblick über die vielen Einzelleistungen und –preise zu behalten, geschweige denn die Wirtschaftlichkeit der Nutzung der einzelnen Leistungen zu überprüfen. Für den Kunden ist wichtig zu wissen, wie viel seine Geschäftsprozesse kosten. Die einzelnen Leistungseinheiten sind für ihn dann nur noch relevant, um die Preise/Kosten nachvollziehen zu können und sicher gehen zu können, dass die Kosten, die er trägt, verursachungsgerecht sind. Aus diesem Grund ist die Bildung von Produkten notwendig. Es gibt unterschiedliche Vorgehensweisen, wie Produkte gebildet werden können. Eine Möglichkeit besteht darin, wie bei der Erstellung von Produkten in der industriellen Fertigung „bottom-up" vorzugehen. Für IT-Dienstleistungen bedeutet dies, dass aus Einzelleistungen, wie zum Beispiel MIPS, Gruppen zusammengesetzt werden. Solche Gruppen können beispielsweise Transaktionen sein. Diese Gruppen können dann zu Vorgängen kombiniert werden und schließlich zu ganzen IT-Abläufen und Produkten zusammengefasst werden. Im Hinblick darauf, dass das Ziel sein sollte, die Abläufe der Nutzer optimal in Produkte zu fassen, bietet sich hier jedoch der „top-down"-Ansatz an. Dabei werden die angebotenen Leistungen auf Einzelleistungen heruntergebrochen und im Anschluss nach verschiedenen Kriterien, zum Beispiel Nutzerprofilen, zu Produkten zusammengefasst.

Aufgrund der Vielfalt der denkbaren Kombinationen von Leistungseinheiten ist es theoretisch möglich die verschiedensten Produkte mit Preisen zu versehen, jedoch ist es sinnvoller, die wichtigsten Produkte zu identifizieren und zu standardisieren. Denn schließlich besteht die Aufgabe eines internen IT-Dienstleisters nicht nur darin, die von den Kunden benötigten und gewünschten Leistungen bereitzustellen, sondern dabei auch auf eine gewisse Einheitlichkeit zu achten und Insellösungen zu verhindern, damit der Wartungsaufwand nicht zu hoch und eine möglichst optimale Zusammenarbeit zwischen den Systemen gewährleistet wird. Die Leistungen, die das Rechenzentrum und die internen Software-Dienstleister anbieten, sind zwar meist unternehmensspezifisch, die IT-Dienstleistungen lassen sich innerhalb des Unternehmens jedoch durchaus standardisieren. Eine solche innerbetriebliche Standardisierung ist nicht nur sinnvoll, sondern sogar empfehlenswert, da das Bereitstellen der Dienstleistung und die Verrechnung bzw. Kostenumlage durch den Einsatz einiger Standardprodukte stark vereinfacht werden.

Im Folgenden wird eine Produktbildung für die wichtigsten IT-Dienstleistungen, die innerhalb der meisten Unternehmen angeboten werden, durchgeführt. Als Kriterien werden dabei der Typ des IT-Systems sowie der Nutzer und sein Anwendungsverhalten zum System verwendet; die Produktbildung wird auf einem vollkostenbasierten Preisansatz vorgenommen. Aufgrund der Vielzahl der möglichen Produktkombinationen kann hier nur eine Auswahl der Produktvarianten dargestellt werden, selbstverständlich sind noch viele weitere Produkte denkbar.

Arbeitsplätze

Eines der wichtigsten Basisprodukte innerhalb des Unternehmens ist der Arbeitsplatz. Darin enthalten ist die notwendige Hardware (Terminal oder PC, Monitor, Tastatur, Maus ...) und die grundlegende Software (Betriebssystem, Standardsoftware). Abgesehen von der Bereitstellung der Hard- und Software, sind im Produkt „Arbeitsplatz" meist auch Wartung, Support, Updates etc. vorgesehen. Als Produkt kann ein Arbeitsplatz verschiedene Ausprägungen haben, zum Beispiel Internetarbeitsplatz, Vertriebsarbeitsplatz, Lagerarbeitsplatz.

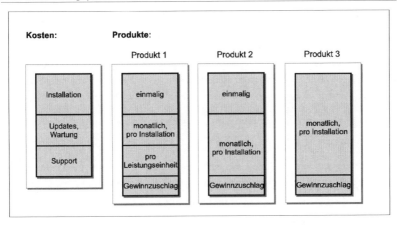

Abbildung 7.4: Produktbildung bei Arbeitsplätzen

Computernetze

Für die Kommunikation zwischen einzelnen Arbeitsplätzen und die Nutzung von Client/Server- oder Host-Systemen ist die Nutzung von Netzen erforderlich. Diese Netze sind ein zweites wichtiges Basisprodukt, das in Unternehmen angeboten wird. Innerhalb eines Unternehmens können verschiedene Arten von Netzen zum Einsatz kommen:[4]

Das *Local Area Network (LAN)* ist ein lokales Netzwerk, das sich dadurch auszeichnet, dass es sich räumlich auf Privat- oder Firmengelände, bzw. auf angemietete Räumlichkeiten beschränkt. Rechtlich gesehen ist der Benutzer des Netzwerkes (das Unternehmen) auch gleichzeitig der Betreiber. Er kann Struktur, Merkmale und Eigenschaften des physikalischen Netzes selbst bestimmen, ist aber auch für die Wartung des Netzes selbst verantwortlich. Innerhalb des Unternehmens ist meist das Rechenzentrum der Betreiber, die Nutzer, denen die Kosten für das Betreiben des Netzes verrechnet werden müssen, sind über das ganze Unternehmen verteilt.

Das *Wide Area Network (WAN)* hingegen ist ein Netz für die Übertragung von Daten über größere Entfernungen, wobei hier die Verbindungswege über öffentliche

---

[4]Garbe (1991), S. 2f.

Flächen führen. Es verbindet meist autonome Systeme, zum Beispiel einzelne LANs, miteinander. Rechtlich gesehen ist ein WAN im Besitz eines Betreibers, der das Netz den Benutzern, die nicht mit dem Betreiber identisch sind, gegen Gebühr zur Verfügung stellt. Der Benutzer hat nur in sofern Einfluss auf die Eigenschaften des Netzes, als er aus dem Angebot des Betreibers ein Produkt auswählen kann. Allerdings wird diese Entscheidung meist von zentraler Stelle im Unternehmen getroffen. Im Gegensatz zum LAN kommt hier ein unternehmensexterner Betreiber hinzu, der eine Rechnung für die genutzten Leistungen erstellt.

Das *Metropolitan Area Network (MAN)* ist ein auf ein Stadtgebiet oder eine Region begrenztes Netz mit einer hohen Übertragungsrate. Es soll für Ballungsgebiete verwendet werden, findet aber kaum Einsatz.

Das *Internet* ist die einfachste und preiswerteste Form der Nutzung. Ursache dafür ist die Nutzung des Protokolls IP und die Standardisierung passender Hardware und Software. Außerdem sind die Preise für die Internetnutzung in der letzten Zeit stark gesunken. Ein wichtiger Unterschied zu den bisher genannten Netzen besteht darin, dass das Internet keinen Besitzer hat. Die einzelnen Provider sind jeweils für ihre Teilbereiche verantwortlich.

Für die einzelnen Benutzer im Unternehmen stellt sich die Verwendung der unterschiedlichen Netze gleich dar, sie sehen nur die Netzdose als Schnittstelle. Von dort aus erhalten sie Zugriff auf das LAN und darüber können sie mit weiteren Netzen verbunden werden.

Für die Produktbildung müssen zunächst die anfallenden Kosten betrachtet werden. Da WAN, MAN und Internet von externen Dienstleistern bezogen werden, fallen hier keine nutzerunabhängigen Kosten an: wenn niemand diese Dienste benötigt, entstehen keine Kosten. Das LAN wird jedoch von einem internen IT-Dienstleister (meist vom Rechenzentrum) vollständig als eigene Leistung erbracht. Deshalb können bei der Bereitstellung eines LAN auch nutzerunabhängige Kosten anfallen:

Nutzerunabgängige Kosten bei Computernetzen:

- Verkabelung (Installation, Wartung)
- Personalkosten (Netzwerkadministration, Verwaltung, Sicherheit)
- Software (Sicherheit, Verfügbarkeit, Verschlüsselung)
- Hardware (Steuereinheiten, Multiplexer, Router, Server)

Diese Kosten können auf die einzelnen Anschlüsse verrechnet werden. Bei der Registrierung der einzelnen Nutzer fallen weitere Kosten an. Einige dieser Kosten fallen auch dann an, wenn die Nutzer das Netz nicht verwenden. Dies ist besonders bei Dienstleistungen externer Anbieter der Fall.

Nutzungsunabhängige Kosten bei Computernetzen

- Netzwerkanschlüsse (Installation, Wartung)
- Grundgebühren externer Anbieter

Diese Kosten können pro Nutzer oder pro Anschluss berechnet werden. Bei der Nutzung der Netze entstehen zusätzlich nutzungsabhängige Gebühren.

Nutzungsabhängige Kosten bei Computernetzen:

- Kosten für einzelne Leistungseinheiten externer Anbieter
- Support

Da die Kosten, die von unternehmensexternen Anbietern berechnet werden, einen wichtigen Anteil der Kosten ausmachen, lohnt es sich auch durchaus zu betrachten, wie sich diese Kosten zusammensetzen, bzw. wie sie vom Unternehmen beeinflusst werden können. Die folgende Liste gibt einen Überblick über diese Kosten. Meist setzen sich die von den Unternehmen zu tragenden Preise aus diesen Gebühren zusammen.

Kosten für Netze von unternehmensexternen Anbietern:

• Zeitgebundene Verbrauchsgebühren

• Volumengebundene Verbrauchsgebühren (Gebühren für übertragene Datenmengen)

• Verbindungsgebühren beim jeweiligen Aufbau

• Bandbreiten- (Geschwindigkeits-) orientierte Gebühren (Flatrate)

• Anschlussgrundgebühren

• Inhaltsbezogene Gebühren

Ein weiterer Aspekt, über den im Unternehmens ein Konsens gefunden werden sollte, ist wie eine mögliche private Nutzung des Internets durch die Mitarbeiter aus kostenrechnerischer Sicht behandelt werden soll. Meist wird von einer solchen Verrechnung abgesehen, da dies zum einen zu komplex wäre und zum anderen Privatsphäre der Mitarbeiter verletzt werden könnte.

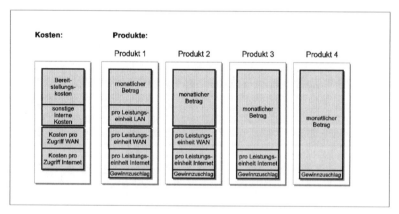

Abbildung 7.5: Produktbildung für Computernetze

Host-Systeme/Großrechnersysteme Zwar werden nur noch selten neue Groß-rechnersysteme entwickelt, weil sie keine grafischen Benutzeroberflächen (sondern nur textliche) erlauben, sie sich für Büroanwendungen wie Textverarbeitung nicht eignen und sich weniger gut integrieren lassen; trotzdem gibt es noch viele alte Host-Systeme, die heute noch in Verwendung sind. Aus diesem Grund müssen Großrechnersysteme hier mit berücksichtigt werden.

Bei einem Großrechnersystem liegt die Geschäftslogik in Form einer Software (ggf. mit Datenbanken) auf einem zentralen Großrechner. Die Nutzerinteraktion erfolgt durch „dumme" Terminals, die weder CPU noch Speicher haben, die Darstellung auf den Terminals und die Reaktion auf Benutzereingaben wird vom Host übernommen. Bei einer besonderen Form der Großrechnersysteme werden PCs statt Terminals eingesetzt. Die Datenhaltung, Anwendungslogik und Darstellung verbleiben auf den Großrechnern. Die PCs werden direkt oder über ein lokales Netzwerk an die Großrechner angeschlossen. Dies ist vor allem dann sinnvoll, wenn die PCs für weitere Anwendungen anderer Typen genutzt werden sollen.

Bei der Betrachtung der Kosten sollen an dieser Stelle nur die für die Bereitstellung eines Großrechnersystems entstehenden Kosten berücksichtigt werden. Terminal (bzw. PC) und Netzwerk werden zwar für die Arbeit mit dem System benötigt, sind jedoch eigenständige Produkte, deren Kosten an anderer Stelle berücksichtigt werden sollen. Auch die Trennung in Rechenzentrum und Software-Dienstleister ist hier nicht relevant, da es sich dabei um die Nutzung eines Software-Systems handelt, die immer zwischen Kunden und Software- Dienstleister vereinbart wird. Die Kosten, die für die Nutzung des Systems im Rechenzentrum anfallen, werden von dort aus zunächst den Software-Dienstleistern berechnet, die diese Kosten in ihren Preisen berücksichtigen und auf diese Weise an den Kunden weitergeben.

Im Rahmen der Produktzusammenstellung soll dabei zunächst betrachtet werden, welche dieser Kosten unabhängig von der Anzahl der Nutzer entstehen, also Kosten, die selbst dann anfallen würden, wenn das System bereitgestellt, aber niemand es nutzen würde:

Nutzerunabhängige Kosten bei Großrechnersystemen:

- Bereitstellung, Wartung, Pflege des Großrechners

- Bereitstellung, Wartung, Pflege des Betriebssystems des Großrechners

- Bereitstellung, Wartung, Pflege der auf dem Großrechner bereitgestellten Software

- Ggf. Bereitstellung, Wartung, Pflege einer Datenbank (oder mehrerer Datenbanken)

- Personalkosten für Verwaltung

- Raumkosten

- Energiekosten

- Versicherungskosten

Da diese Kosten unabhängig vom Vorhandensein von Benutzern immer anfallen, können sie nicht einzelnen Benutzern zugeordnet werden, sondern müssen anteilig angerechnet werden. Dabei ist zu berücksichtigen, dass die Wartungskosten für Großrechnersysteme oft relativ hoch sind, weil sie professionell von qualifiziertem (und deshalb auch teurerem) Personal gewartet werden müssen und professionelle Betriebssysteme haben. Dafür liegt die Verfügbarkeit für Host-Rechner allerdings auch meist bei ca. 99%. Auch die Energiekosten sind meist sehr hoch, da die Betriebsenergie meist über eine zentrale unterbrechungsfreie Stromversorgung (USV) geleitet wird um eine möglichst hohe Ausfallsicherheit zu gewährleisten.

In einem nächsten Schritt werden die Kosten betrachtet, die anfallen, wenn ein User für die Nutzung eines Systems angemeldet ist unabhängig davon, ob er das

System tatsächlich nutzt oder nur als Nutzer registriert ist.

Nutzungsunabhängige Kosten bei Großrechnersystemen:

- Anlegen des Users (einmalige Kosten)
- Stammdatenpflege

Diese Kosten fallen für jeden angemeldeten Nutzer an und können diesem deshalb auch direkt zugerechnet werden.

Schließlich müssen jene Kosten berücksichtigt werden, die bei der Benutzung des Systems entstehen und von der Nutzungsintensität abhängig sind.

Nutzungsabhängige Kosten bei Großrechnersystemen:

- Für Lesezugriffe:
  - CPU-Zeit
  - Arbeitsspeicher
  - Evtl. temporärer Plattenspeicher für Auslagerungsdateien bei Abfragen
- Für Schreibzugriffe:
  - Plattenplatz
  - CPU-Zeit
  - Arbeitsspeicher
  - Evtl. temporärer Plattenspeicher für Auslagerungsdateien bei Abfragen
  - Datensicherung (Bandsicherung)
- Support (Personalkosten, für Support verwendete Software, Arbeitsplatz, anteilige Raumkosten etc)
- Programmänderungen (Personalkosten, für Programmierung verwendete Software, Arbeitsplatz, anteilige Raumkosten etc.)
- Schulungen (Kosten für Schulung, Schulungsmaterial, Ausfall Mitarbeiter...)

Die durch die Zugriffe entstehenden Kosten sind minimal und eigentlich vernachlässigbar, jedoch können sie als Schlüssel für die Zurechnung der Gemeinkosten dienen. Die Kosten für Support, Programmänderungen und Schulungen können meist jedoch direkt zugeordnet werden.

Bei der Bildung der Produkte muss berücksichtigt werden, dass die bei Host-Systemen relativ teuren Bereitstellungskosten in jedem Fall verrechnet werden sollten und keinesfalls bei den IT- Dienstleistern verbleiben, da dieser sehr hohe Kostenblock die leistende Kostenstelle sonst zu stark belasten würde. Deshalb ist es sinnvoll, diese Kosten oder zumindest einen Teil davon unabhängig von der Nutzungsintensität auf die Nutzer zu verrechnen. Dafür kann ein Sockelpreis für die Bereitstellung eines System-Zugangs für jeden Nutzer verlangt werden. Dies gibt in sofern eine gewisse Sicherheit, als die ungefähre Anzahl der Nutzer beim Abschluss des SLA festgehalten werden kann. Auf Basis dieser Nutzeranzahl kann dann ein Sockelbetrag errechnet werden, der für jeden Nutzer mindestens verlangt werden muss, damit das System wirtschaftlich tragbar ist. Dieser Sockelbetrag sollte periodisch neu berechnet werden und kann mit steigender Nutzeranzahl gesenkt werden. Eine solche periodische Berechnung eignet sich auch für die Prüfung der Notwendigkeit der Bereitstellung des Systems. Gerade da es sich bei Großrechnersystemen meist um Systeme handelt die schon relativ lange existieren, ist es sinnvoll von Zeit zu Zeit zu prüfen, ob es sich noch lohnt das System weiterhin anzubieten. Eine solche Prüfung ergibt sich als Nebeneffekt bei der Berechnung der Sockelbeträge: wenn die Anzahl der Nutzer des Systems so stark sinkt, dass die Sockelbeträge so hoch werden, dass sie nicht mehr tragbar sind, ist dies ein Anzeichen dafür, dass das System nicht mehr ausreichend genutzt wird. Wenn absehbar ist, dass das System regelmäßig verwendet wird, ist es auch möglich, nur einen Teil der nutzerunabhängigen Kosten durch einen Sockelpreis abzudecken und den restlichen Betrag über die Zugriffe zu verrechnen. Die Kosten für die Nutzerpflege sollten pro User festgehalten und abgerechnet werden, wobei der jeweilige Preis zuvor im Rahmen eines Service Level Agreement festgelegt werden sollte. Je nach Service Level Agreement können Support und kleinere Programmanpassungen mit im Preis pro Nutzer enthalten sein oder einzeln abgerechnet werden.

Die restlichen Kosten (eventuell nicht verrechnete Bereitstellungskosten, Kosten für Plattenplatz und Bandsicherungen etc) und eventuelle Gewinnzuschläge können dann pro Zugriff verrechnet werden, wobei die Unterscheidung zwischen lesendem und schreibendem Zugriff durchaus im Preis deutlich gemacht werden kann. Auch diese Preise müssen vorher im entsprechenden Service Level Agreement festgehalten werden.

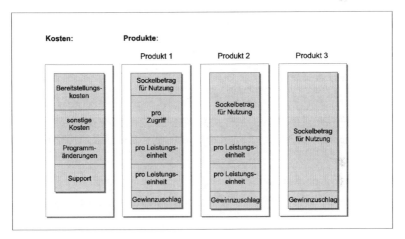

Abbildung 7.6: Produktbildung bei Hostsystemen

Auf diese Weise kann ein Produkt für den Standarduser erstellt werden. Jedoch eignet sich diese Preiszusammenstellung nicht für alle Nutzer. Wenn ein System sehr häufig verwendet wird, wird der zu zahlende Betrag, bei einer Berechnung pro Zugriff, den Nutzen, den das System bringt, irgendwann übersteigen. Für solche Nutzer ist es sinnvoll eine Art „Flatrate" einzuführen, wobei der User einen höheren Sockelbetrag bezahlt, dann jedoch die einzelnen Zugriffe nicht mehr berechnet werden. Leistungen außerhalb der normalen Systemnutzung (wie Support oder Programmänderungen) können in diesem Betrag enthalten sein oder weiterhin einzeln verrechnet werden. Aus kostenrechnerischer Sicht ist diese Art der Verrechnung kein Problem, da die Kosten, die ein Zugriff verursacht, wie oben bereits beschrieben recht gering sind; die Zugriffe dienen in erster Linie als Leistungseinheit, mit deren Hilfe auch Gemeinkosten zugerechnet werden können. Die verschiedenen Produkte können Abbildung 7.6 entnommen werden.

Client/Server-Systeme

Client/Server-Systeme sind eine Weiterentwicklung der Großrechnersysteme. Hier läuft nicht die gesamte Anwendungslogik auf dem Server, sondern die Anwendung ist auf Server und Client verteilt. Wie sich diese Verteilung gestaltet, hängt von der verwendeten Architektur ab. Eine Client/Server-Architektur kann in unterschiedlichen Varianten umgesetzt werden: in einer 2- Ebenen-Architektur oder in einer 3-Ebenen-Architektur.

Bei einer 2-Ebenen-Architektur ist die Software mit der Anwendungslogik und der Bildschirmdarstellung auf den Clients installiert, der Server dient vor allem als Datenquelle und verfügt kaum über eigene Anwendungslogik. Dadurch ergeben sich jedoch die typischen sogenannten „Fat-Client-Probleme", wie aufwendige Wartung der Clients und sinkende Verfügbarkeit. Deshalb wird häufiger die 3-Ebenen-Architektur verwendet. Dabei findet eine Einteilung nach funktionalen Gesichtspunkten statt. Die Bildschirmdarstellung liegt hier auf dem Client, die Anwendungslogik auf dem Anwendungsserver und die Daten auf einem Datenbankserver. Anwendungs-Server und Datenbankserver müssen dabei nicht unbedingt voneinander getrennte Rechner sein. Wichtig ist, dass eine klar definierte Schnittstelle zwischen Applikationsobjekten und Datenbank-Zugriffen existieren muss.

Allerdings kann im Hinblick auf die Produktbildung und die Verrechnung der entsprechenden Dienstleistungen davon ausgegangen werden, dass alle benötigten Server von einem IT-Dienstleister bereitgestellt werden, so dass die 2-Ebenen-Architektur und die 3-Ebenen-Architektur aus kostenrechnerischer Sicht weitgehend gleich behandelt werden können.

Für die Inanspruchnahme eines Client/Server-Systems werden ein Arbeitsplatz (Client) und eine Netzwerkverbindung benötigt, die hier aber als eigene Produkte behandelt werden sollen.

Zunächst werden auch hier die Kosten betrachtet, die für die Bereitstellung des Systems entstehen und auch dann anfallen, wenn kein Benutzer vorhanden ist.

Nutzerunabhängige Kosten bei Client/Server-Systemen:

- Bereitstellung, Wartung, Pflege, des (Anwendungs-)Servers (incl. Betriebssystem Server)
- Ggf. Bereitstellung, Wartung, Pflege des Datenbank-Servers
- Bereitstellung, Wartung, Pflege der auf dem Server bereitgestellten Anwendungssoftware (und der Datenbestände)
- Pflege, Aktualisierung der Client-Software
- Personalkosten für Verwaltung
- Raumkosten
- Energiekosten
- Versicherungskosten
- Ggf. Lizenzen

Diese Kosten fallen immer an und müssen deshalb unabhängig von der Nutzung immer berechnet werden. Sie können (voll oder anteilig) als Sockelbetrag für die Nutzung des Systems in den Preis mit eingehen.

Folgende Kosten fallen nutzerabhängig an, also für jeden Nutzer, unabhängig davon, ob er das System tatsächlich nutzt.

Nutzerabhängige Kosten bei Client/Server-Systemen:

- Anlegen des Users (einmalige Kosten)

- Stammdatenpflege

- Installation Clients

- Schulungen (Kosten für Schulung, Schulungsmaterial, Personalkosten)

Diese Kosten können den einzelnen Nutzern zugeordnet werden. Sie fallen für jeden angemeldeten User an und können periodisch, zum Beispiel monatlich berechnet werden. Schulungen können als einmalig anfallende Einzelkosten berechnet werden.

Schließlich müssen auch hier die bei der Nutzung des Systems entstehenden Kosten berechnet werden. Dabei sollte ebenso zwischen lesendem und schreibendem Zugriff unterschieden werden, da jeweils unterschiedliche Kosten anfallen.

Nutzungsabhängige Kosten bei Client/Server-Systemen

- Für Lesezugriff
  - CPU-Zeit
  - Arbeitsspeicher
  - Evtl. temporärer Plattenspeicher für Auslagerungsdateien bei Abfragen

- Für Schreibzugriff
  - Plattenplatz
  - CPU-Zeit
  - Arbeitsspeicher
  - Evtl. temporärer Plattenspeicher für Auslagerungsdateien bei Abfragen
  - Datensicherung (Bandsicherung)

- Support (Personalkosten, für Support verwendete Software, Arbeitsplatz, anteilige Raumkosten etc)

- Programmänderungen (Personalkosten, für Programmierung verwendete Software, Arbeitsplatz, anteilige Raumkosten etc.)

Die für die einzelnen Zugriffe entstehenden Kosten sind ähnlich gering wie die bei den Großrechnersystemen. Jedoch können auch hier die Zugriffe als Leistungseinheiten genutzt werden um Gemeinkosten zu verrechnen.

Die Produktbildung bei Client/Server-Systemen verläuft ähnlich wie bei Großrechnersystemen. Ein wichtiger Unterschied ist, dass die serverseitigen Kosten geringer sind als bei Host-Systemen und deshalb ein größerer Anteil der Kosten auf die Clients entfällt und mit der Anzahl der angemeldeten Nutzer verrechnet werden kann. Zwar ist es durchaus sinnvoll, auch für die Bereitstellung von Client/Server-Systemen einen Sockelbetrag zu verlangen, jedoch fällt dieser geringer aus als der von Großrechnersystemen. Die Bildung dieses Sockelbetrags kann nach demselben Prinzip wie bei Großrechnersystemen erfolgen. Die für die Bereitstellung der Software anfallenden, nutzerunabhängigen Kosten werden durch die voraussichtliche Anzahl der Nutzer geteilt. Die ungefähre Nutzeranzahl der Periode, für die der Preis berechnet wird, kann dem entsprechenden SLA oder Erfahrungswerten entnommen werden und muss dementsprechend häufig angepasst werden. Auch hier gilt, dass, wenn auf Dauer derart wenig Nutzer für das System registriert sind, dass diese den so berechneten Sockelpreis nicht tragen können, die Frage gestellt werden muss, ob der Einsatz des Systems noch wirtschaftlich ist.

Bei der Verteilung der nutzerabhängigen Kosten muss beachtet werden, dass die Anzahl der Clients nicht unbedingt identisch mit der Anzahl der Nutzer sein muss. Man unterscheidet hier zwei Arten von Nutzern: sogenannte „named User", womit alle Nutzer gemeint sind, die für die Benutzung des Systems registriert sind, und sogenannte „current User", womit die Anzahl der Nutzer gemeint ist, die gleichzeitig am System arbeiten kann und die bei Client/Server-Systemen meist mit der Anzahl der Clients identisch ist. Kosten wie Wartung und Pflege der Client-Software können also für die Anzahl der „current User" berechnet werden, die eine Kostenstelle beantragt, wohingegen die Kosten, die für die Nutzerverwaltung anfallen, pro „named User" berechnet werden. Je nach Service Level Agreement können Support und kleinere Programmanpassungen mit im Preis pro Nutzer enthalten sein oder einzeln abgerechnet werden. Alle nutzungsabhängigen Kosten können über die Zugriffe verrechnet werden, wobei auch hier eine Unterscheidung im Preis zwischen lesendem und schreibendem Zugriff gemacht werden sollte.

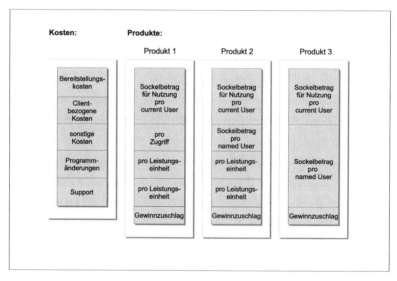

Abbildung 7.7: Produktbildung bei Client/Server-Systemen

Auf diese Weise ergibt sich zunächst ein Produkt für den Standarduser, der das System durchschnittlich oft nutzt. Wie bei Großrechnersystemen sollte sich auch bei Client/Server- Systemen das Nutzerverhalten in den Produkten wiederfinden, denn auch hier ergibt sich das Problem, dass bei einer starken Nutzung und einer Verrechnung pro Zugriff unverhältnismäßig hohe Kosten entstehen. Deshalb ist es auch bei Client/Server-Systemen sinnvoll, ein Produkt für Nutzer anzubieten, die das System sehr intensiv nutzen. Ein solches Produkt kann einen höheren Sockelbetrag beinhalten und dafür kann dann von der Berechnung der einzelnen Zugriffe abgesehen werden. Weitere Leistungen wie Support, Schulungen und

Programmänderungen können je nach SLA im Sockelbetrag enthalten sein oder einzeln verrechnet werden. Bei der Bildung der Sockelbeträge sollte die Unterscheidung zwischen „current User" und „named User" durchaus berücksichtigt werden. Auf diese Weise kann die Verrechnung der Kosten, die für die Bereitstellung entstehen, von den für die Nutzung anfallenden Kosten deutlicher getrennt und die Verursachungsgerechtigkeit erhöht werden.

Die verschiedenen Produkte können Abbildung 7.7 entnommen werden.

Desktop-Anwendungen

Desktop-Anwendungen sind typische Anwendungen wie Microsoft-Office Programme. Sie müssen auf den einzelnen Arbeitsplätzen installiert werden. Dadurch entstehen nur dann Kosten, wenn die Software auch tatsächlich von Nutzern benötigt wird, nutzerunabhängige Kosten können hier also nicht anfallen.

Es entstehen also nur dann Kosten, wenn ein Nutzer ein System tatsächlich verwenden möchte. Dann fallen zunächst einmalig Kosten für die Installation an.

Einmalige nutzerabhängige Kosten bei Desktop-Anwendungen:

- Installation (Personalkosten, ggf. Lizenzkosten)
- Ggf. Schulungskosten

Diese Kosten lassen sich einmalig berechnen wenn ein neuer Nutzer das System beantragt. Auch im laufenden Betrieb fallen nutzerabhängige Kosten an.

Laufende nutzerabhängige Kosten bei Desktop-Anwendungen:

- Updates (Personalkosten, ggf. Lizenzkosten)
- Support

Sind Desktop-Anwendungen einmal auf dem PC des Anwenders installiert, entzieht sich ihre Verwendung der Kontrolle der IT-Dienstleister. Deshalb entstehen auch keine nutzungsbedingten Kosten. Bei der Produktbildung können verschiedenen Strategien verwendet werden. So können Updates und Wartungskosten auch pro Leistungseinheit verrechnet werden, wodurch jedoch die Gefahr besteht, dass Nutzer aus Kostengründen auf Updates verzichten, wodurch die Einheitlichkeit der Systeme im Unternehmen gestört werden kann. Stattdessen ist es auch denkbar, Updates, Wartung, Support und sogar die Kosten für die Installation in einem monatlichen Betrag abzurechnen. Dabei besteht jedoch die Gefahr, dass die Nutzer zwar monatlich zahlen, jedoch keine sichtbare Leistung dafür erhalten, wenn weder Support noch Updates notwendig sind.

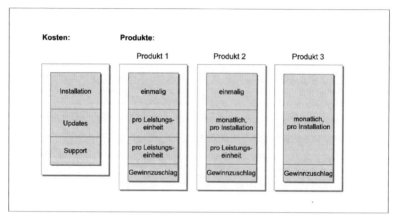

Abbildung 7.8: Produktbildung bei Desktop-Anwendungen

Web-Dienstleistungen (Webseiten/Web-Anwendungen/Web-Services)

Da sie sich in der Kostenentstehung stark ähneln, können Webseiten, Webanwendungen und Web-Services für die Ermittlung der anfallenden Kosten zunächst unter dem Begriff „Web- Dienstleistungen" zusammengefasst werden.

Der Aufwand und die Kosten, die bei der Bereitstellung dieser Leistungen entstehen, sind stark von der Architektur abhängig. Wie in Abbildung 7.9 dargestellt, kann eine 2-, 3- oder 4- schichtige Architektur verwendet werden, je nachdem, welche Funktionalitäten angeboten werden sollen. Dabei kann es bei einer 2-

schichtigen Architektur vorkommen, dass zusätzliche Software auf dem Client installiert werden muss.

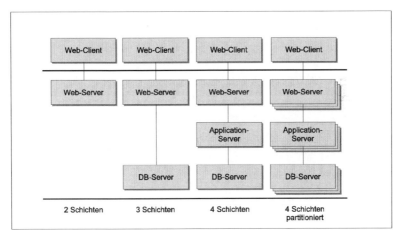

Abbildung 7.9: Webarchitekturen

Für die Nutzung einer Web-Dienstleistung sind sowohl das Vorhandensein einer Arbeitsplatzausstattung sowie einer Netzwerkverbindung erforderlich. Diese werden aber als eigene Produkte getrennt berechnet und deshalb an dieser Stelle nicht berücksichtigt.

Für die Preisbildung soll zunächst wieder betrachtet werden, welche dieser Kosten unabhängig von der Anzahl der Nutzer und der Nutzung der Web-Dienstleistungen entstehen, also Kosten, die selbst dann anfallen würden, wenn die Leistung bereitgestellt, aber niemand sie nutzen würde.

Nutzerunabhängige Kosten bei Web-Dienstleistungen:

- Bereitstellung, Wartung, Pflege des Webservers

- Ggf. Bereitstellung, Wartung, Pflege des Application-Servers

- Ggf. Bereitstellung, Wartung, Pflege der Anwendungssoftware

- Ggf. Bereitstellung, Wartung, Pflege des Datenbank-Servers (und der Datenbestände)

- Ggf. Bereitstellung, Wartung, Pflege der Client-Software

- Personalkosten für Verwaltung

- Raumkosten

- Energiekosten

- Versicherungskosten

- Wenn ein Internetzugang vorhanden ist, auch Sicherheitsmaßnahmen (Firewall, Virenschutz)

Anschließend müssen die Kosten betrachtet werden, die anfallen, wenn ein User angemeldet wird, sofern für die Inanspruchnahme der Dienstleistung eine Anmeldung erforderlich ist, jedoch unabhängig davon, ob das System tatsächlich genutzt wird.

Nutzungsunabhängige Kosten bei Web-Dienstleistungen:

- Ggf. Anlegen des Users (einmalige Kosten) bei Anwendungssoftware oder passwortgeschütztem Bereich

- Ggf. Stammdatenpflege bei Anwendungssoftware oder passwortgeschütztem Bereich

- Ggf. Installation und Updates Client-Software

Einige Kosten entstehen pro Zugriff. Dabei sollte auch bei Web-Dienstleistungen unter lesendem und schreibendem Zugriff unterschieden werden, da hier jeweils unterschiedliche Kosten anfallen.

Nutzungsabhängige Kosten bei Web-Dienstleistungen

- Für Lesezugriff:
  - CPU-Zeit Server
  - Arbeitsspeicher Server
  - Evtl. temporärer Plattenspeicher für Auslagerungsdateien bei Abfragen Server

- Für Schreibzugriff:
  - Plattenplatz
  - CPU-Zeit Server
  - Arbeitsspeicher Server
  - Evtl. temporärer Plattenspeicher für Auslagerungsdateien bei Abfragen Server
  - Datensicherung (Bandsicherung)

- Support (Personalkosten, für Support verwendete Software, Arbeitsplatz, anteilige Raumkosten etc)

- Programmänderungen, Änderungen an einer Webseite (Personalkosten, für Programmierung

- verwendete Software, Arbeitsplatz, anteilige Raumkosten etc.)

- Schulungen (Kosten für Schulung, Schulungsmaterial, Ausfall Mitarbeiter...)

Die bei den einzelnen Zugriffen entstehenden Kosten sind, wie bei den Groß-rechnersystemen, minimal und eigentlich vernachlässigbar, jedoch können sie als Schlüssel für die Zurechnung der Gemeinkosten dienen. Leistungen wie Support, Änderungen und Schulungen können einzeln abgerechnet werden.

Für die Produktbildung müssen die Web-Dienstleistungen einzeln betrachtet werden, da sie jeweils unterschiedliche Arten der Nutzung und der Abrechnung erlauben.

Websites

Für das Bereitstellen einer Website für das Internet oder das Intranet werden die Inhalte der Seite auf einem Webserver gespeichert. Diese können in Form von einfachen HTML-Seiten, aber auch als dynamische Seiten, die ihre Inhalte aus einer Datenbank beziehen, vorliegen. Zunehmend sind auch Multimedia-Daten Inhalte von Websites (zum Beispiel Grafiken, Video- und Musikdateien). Das Erstellen der Seite wird im Rahmen eines Einzelprojektes vorgenommen, als laufende Dienstleistung bleibt das Speichern der Dateien auf dem Webserver, das Verfügbarhalten und Absichern des Webservers (Hardware und Software) und ggf. auch Aktualisierungen oder Änderungen an den Inhalten der Seite.

Bei Websites ist nur in seltenen Fällen eine Anmeldung erforderlich, wobei dies dann meist dem Schutz sensibler Daten und nicht Abrechnungszwecken dient. Eine Ursache für diese Handhabung ist, dass die Besucher einer Website im Normalfall nur lesend zugreifen und die Bereitstellung von auf einzelne Nutzer zugeschnittenen Informationen noch nicht sehr verbreitet ist. Schreibender Zugriff im Rahmen von Web-Content-Management-Systemen ist ein Sonderfall und wird dem Produkt Web-Anwendungen zugeordnet.

Im Standardfall trägt der Auftraggeber (bzw. Besitzer) der Website alle Kosten. Dabei kann ein Preis im Service Level Agreement zum Beispiel an der verbrauchten Menge an Festplattenspeicher festgemacht werden. Support, Änderung etc. können getrennt berechnet werden oder im Grundbetrag inbegriffen sein.

Genauer zu betrachten sind Seiten, die sogenannten „paid content", also kostenpflichtige Inhalte, anbieten. Solche Websites kommen innerhalb eines Unternehmens kaum vor, sondern werden meist im Internet für externe Kunden zur Verfügung gestellt. Die Zahlung erfolgt dann in den meisten Fällen über einen dritten Anbieter, wie zum Beispiel "Click and Buy" [5], der die gesamte Zahlungsabwicklung übernimmt. Da die Inhalte jedoch im Normalfall aus einer anderen Kostenstelle stammen als derjenigen, welche die Website als Dienstleistung bereitstellt, wird, um die Verrechnung zu vereinfachen, darauf verzichtet, die erhal-

---

[5]Nähere Informationen unter www.clickandbuy.com

tenen Einnahmen direkt mit der Bereitstellung der Dienstleistung zu verrechnen. Stattdessen fließen die Einnahmen an jene Kostenstelle, welche die Inhalte zu verantworten hat. Diese übernimmt wiederum als Besitzer der Website die Kosten für die Bereitstellung dieser Dienstleistung.

In Abbildung 7.10 sind zwei mögliche Produkte aufgeführt. Produkt 1 ist für Webseiten, an denen nur wenige Änderungen durch den IT-Dienstleister vorgenommen werden, dabei trägt der Besitzer der Website sowohl eine monatliche Gebühr für die Bereitstellung der Seite als auch Einzelgebühren für jede Änderung. Das zweite Produkt eignet sich für Webseiten, an denen mehr Änderungen stattfinden. Statt jede Änderung einzeln zu verrechnen trägt der Besitzer der Seite hier eine höhere monatliche Gebühr, welche die Kosten für die Änderungen bereits beinhaltet. Eine weitere Möglichkeit ist, dass gar keine Änderungen anfallen oder dass der Besitzer der Seite die Änderungen selbst vornimmt und der IT-Dienstleister nur die Bereitstellung der Seite übernimmt. In diesem Fall trägt der Besitzer der Seite nur einen monatlichen Betrag für die Bereitstellung der Seite. In allen drei Fällen kann jeweils ein Gewinnzuschlag im Preis enthalten sein.

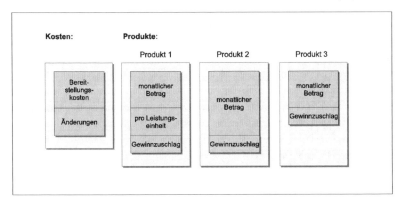

Abbildung 7.10: Produktbildung bei Websites

Web-Anwendungen

Unter einer Web-Anwendung versteht man eine Software die auf einem Server läuft, jedoch keinen auf PCs zu installierenden Client-Part hat, sondern bei
der der Internet-Browser als Benutzeroberfläche verwendet wird. In Unternehmen häufig vorkommende Web-Anwendungen sind zum Beispiel Web-Content-
Management-Systeme oder Katalogbestellsysteme. Der Bereitstellungsaufwand
ist höher als der für eine Website, da hier außer dem Webserver und einem
eventuell benötigten Datenbankserver meist auch ein Anwendungsserver benötigt wird. Im Gegensatz zur Website gibt es bei der Web-Anwendung Benutzer
und auch nutzer- und nutzungsabhängige Kosten, die berechnet werden müssen. Da auch hier eine Anwendung vorliegt, bei der es keine Client-Software gibt,
ist aus kostenrechnerischer Sicht eine Produktbildung wie bei Großrechnersystemen möglich.

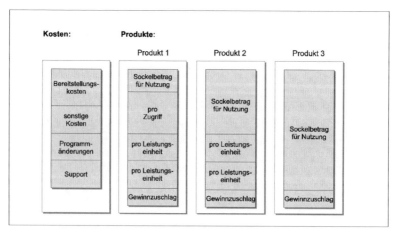

Abbildung 7.11: Produktbildung bei Web-Anwendungen

Web-Services

Web-Services sind Programme auf einem Server im Intranet oder im Internet, die mit anderen Web-Services kommunizieren können. Sie ermöglichen es, plattform- und implementierungsunabhängig über vordefinierte Schnittstellen Daten zwischen verschiedenen Anwendungen zu transportieren und auf Funktionen verschiedener Anwendungen zuzugreifen. Auf diese Weise können ganze Funktionen via Web Services angeboten und komplexe Anwendungen aus verschiedenen, unabhängigen Komponenten zusammengebaut werden. Web-Services können auf verschiedenste Arten eingesetzt werden. Eine wichtige Unterscheidung, die bei der Verrechnung berücksichtigt werden muss, ist, ob der abzurechnende Web-Service unternehmensintern oder unternehmensextern angeboten wird. Bei Web Services, die unternehmensextern über das Internet kostenpflichtig angeboten werden sollen, verhält es sich ähnlich wie bei Websites mit kostenpflichtigen Inhalten: hier ist es sinnvoll, einen externen Dienstleister mit der Abwicklung der Zahlung zu beauftragen. Auf die verschiedenen Zahlungsverfahren für unternehmensexterne Kunden soll an dieser Stelle jedoch nicht eingegangen werden. Hier sollen vielmehr Web-Services als innerbetriebliche Dienstleistung betrachtet werden.

Innerhalb eines Unternehmens werden Web Services vor allem zur Integration von Systemen und zur Bereitstellung von Daten genutzt. Da der Zugriff auf Systeme und Daten aus Sicherheitsgründen stets kontrolliert verlaufen sollte, ist meist eine Benutzerverwaltung vorhanden. Eine Abrechnung auf Basis von Zugriffen und Nutzern ist hier also durchaus möglich. Ob ein Sockelbetrag verlangt werden sollte, hängt davon ab, wie flexibel die Nutzung des Web-Service gehandhabt werden soll und wie hoch die Kosten für die Bereitstellung des Service sind. Ist bei der Verwendung des Web-Service maximale Flexibilität gewünscht, ist es nicht sinnvoll, einen monatlichen, fixen Sockelbetrag zu verlangen. Sind jedoch die Bereitstellungskosten so hoch, dass die Gefahr besteht, dass diese Kosten nicht über die Verrechnung der Zugriffe gedeckt werden können (zum Beispiel weil der Service nicht regelmäßig genug genutzt wird), muss ein fester Sockelbetrag erhoben werden. Die möglichen Produkte können Abbildung 7.12 entnommen werden.

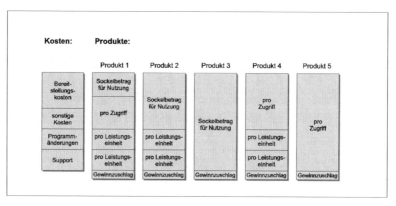

Abbildung 7.12: Produktbildung bei Web-Services

Lizenzen für Fremdsoftware

In den meisten Unternehmen wird außer der von den eigenen IT-Abteilungen erstellten Software auch Software von Fremdfirmen eingesetzt. Meist handelt es sich dabei um Standard-Software. Um zu verhindern, dass Insellösungen entstehen und um eine gewisse Einheitlichkeit in der Wahl der Fremdsoftware zu gewährleisten, wird die Auswahl, Beschaffung und Betreuung der Fremdsoftware in vielen Unternehmen von den internen IT-Dienstleistern zentral übernommen. Bei der Bereitstellung einer solchen Dienstleistung fallen unterschiedliche Kosten an, die abhängig davon sind, um welchen Systemtyp es sich handelt (um eine Client/Server-Software, eine Webanwendung, eine Desktopanwendung etc.) und welches Lizenzmodell für die entsprechende Software gewählt wurde. Auf die einzelnen Systemtypen wurde im Rahmen dieser Arbeit bereits eingegangen, deshalb sollen an dieser Stelle nur die Kosten berücksichtigt werden, die dadurch entstehen, dass es sich bei einem System um eine Fremdsoftware handelt. Diesen Anteil bilden die Lizenzkosten, die als Teilprodukt in weitere systemabhängige Endprodukte eingehen können. Für die Lizenzkosten gibt es verschiedene

Modelle, die von den Fremdfirmen angeboten werden.

Lizenzmodell	Beschreibung
Nutzerbezogene Einzelplatzlizenzen	Für jeden „named User", also jeden für das System registrierten Nutzer, muss eine Lizenz bezahlt werden.
Floating Lizenzen	Für jeden „current User", also die Anzahl der Nutzer, die das System gleichzeitig nutzen kann, muss eine Lizenzgebühr bezahlt werden.
Firmenlizenzen	Das Unternehmen zahlt einen Pauschalpreis und erhält damit eine Lizenz für alle seine Nutzer.
Konzernlizenzen	Auch hier wird ein Pauschalpreis gezahlt, der jedoch nicht nur ein Unternehmen, sondern alle Nutzer eines Konzerns abdeckt.

Tabelle 7.4: Lizenzmodelle für Fremdsoftware

Integrierte Systeme

Im Laufe der Zeit entstehen in einem Unternehmen viele verschiedene Software-Anwendungen, die jeweils für die Erfüllung einzelner Aufgaben konzipiert wurden. Im Zuge der Prozessorientierung möchte man nun, dass die einzelnen Anwendungen, die jeweils Teilbereiche eines Geschäftsprozesses bedienen, zusammenarbeiten. Deshalb integriert man die heterogenen Anwendungen, so dass sie sich verhalten, als wären sie von Anfang an dafür entworfen worden, gemeinsam die aktuellen Geschäftsprozesse eines Unternehmens zu unterstützen. Es gibt verschiedene Möglichkeiten, Anwendungen zu integrieren. Am häufigsten werden dafür Enterprise Application Integration -Tools verwendet. Systeme können jedoch auch integriert werden, indem man eine neue Software entwickelt, die auf mehreren alten Systemen basiert oder geeignete Schnittstellen bei der zu integrierenden Software bereitstellt.[6] Integrierte Systeme können aus verschiedens-

---

[6]Keller (2002), S. 5ff.

ten Gründen benötigt werden, zum Beispiel um neue und alte Technologien zu integrieren, weil zu viele einzelne Anwendungen die Systemlandschaft unübersichtlich machen oder weil neue Aufgaben zu bewältigen sind (wie zum Beispiel CRM).

Da es möglich ist, beliebige Systeme zu integrieren, ist der hier beschriebene Aspekt der Integration nur ein Teilprodukt eines fertigen Systems, das dann nach den bereits beschriebenen Kriterien des jeweiligen Systemtyps (Client/Server, Webanwendung...) abgerechnet werden muss. An dieser Stelle soll die Frage behandelt werden, welche Preise für die Benutzung von Systemen verlangt werden sollen, deren Daten oder Funktionen im Rahmen von Integrationsprodukten durch anderen Systeme verwendet werden. Die Bereitstellung und Verwendung solcher Schnittstellen muss kostenpflichtig angeboten werden. Schließlich erwartet auch ein Nutzer, der ein System indirekt durch integriertes System nutzt, dass die Daten korrekt und die Funktionen verfügbar und performant sind und dass Fehler umgehend behoben werden. Die Frage ist, welche Kosten einem Nutzer, der ein System über ein Integrationsprodukt nutzt, in Rechnung gestellt werden sollten.

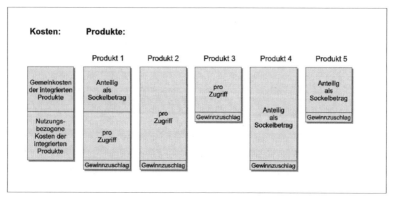

Abbildung 7.13: Produktbildung bei integrierten Systemen

Eine Variante der Verrechnung wäre, den Nutzern eines integrierten Systems die vollen Nutzungsbeiträge aller in die Integration einbezogenen Systeme in Rechnung zu stellen. Dies ist jedoch nur dann sinnvoll, wenn die Nutzer auch wirklich alle integrierten Systeme verwenden. Ist dies nicht der Fall, wird zum Beispiel von den Nutzern nur ein Teil der integrierten Systeme genutzt, würde die Nutzung des Systems bei einer solchen Verrechnung unangemessen teuer werden. Der Nutzer sollte also nur die Systeme bezahlen, die er (über Schnittstellen) auch verwendet. Bleibt die Frage, welchen Betrag er für die entsprechenden Systeme zahlen muss. Auf jeden Fall kann ihm der zugriffsabhängige Anteil des Preises in Rechnung gestellt werden. Eine anteilige Berechnung von Gemeinkosten ist ebenfalls denkbar, wobei diese dann als Aufschlag auf die zugriffsabhängigen Kosten erfolgen kann oder mit den anteiligen Gemeinkosten anderer Systeme in einen Sockelbetrag einfließen kann. Eine solche Abrechnung ist jedoch nur dann möglich, wenn in den einzelnen integrierten Systemen nachvollzogen werden kann, wer das jeweilige System genutzt hat.

Mögliche Produkte für integrierte Systeme können Abbildung 7.13 entnommen werden.

8 Verrechnung in der Praxis

8.1 System zur Verrechnung von internen IT-Dienstleistungen

Letztlich lässt sich feststellen, dass es die verschiedensten Möglichkeiten zur Verrechnung innerbetrieblicher IT-Dienstleistungen gibt. Welche dieser Varianten letztendlich verwendet werden sollen, ist im Einzelfall festzulegen und von der Struktur und den Zielen des jeweiligen Unternehmens abhängig. Unabhängig davon für welche Form und Methoden der Verrechnung sich ein Unternehmen entscheidet ist es jedoch wichtig, dass, wie in Kapitel 5 bereits beschrieben, für das gesamte Unternehmen ein einheitliches Vorgehen gewählt wird. Dabei können die zentralen Vorgaben unterschiedlich stark sein, jedoch sollte dabei das Ziel nicht aus den Augen verloren werden, ein Gesamtoptimum für das Unternehmen zu erreichen und innerhalb des Unternehmens eine möglichst einheitliche Preisgestaltung zu verfolgen. Damit ist auch die Frage beantwortet, wer im Unternehmen die Verrechung vornehmen sollte: wenn diejenige Kostenstelle oder Arbeitsgruppe, die ein System anbietet, die Preis- und Produktbildung sowie die Leistungsmessung und die anschließende Rechnungslegung übernimmt, wobei es unvermeidlich ist, dass verschiedene Kostenstellen oder sogar einzelne Projekt- und Arbeitsgruppen unterschiedlich vorgehen, bilden sich, trotz zentraler Vorgaben, einzelne Abrechnungsvorgehen und –modelle heraus. Dies führt dazu, dass die Kunden von vielen unterschiedlichen Stellen Abrechnungen erhalten, die auf den verschiedensten Verfahren basieren. Darunter leidet nicht nur die Transparenz, es führt auch zu einem erhöhten Arbeitsaufwand in den leistenden Abteilungen, da hier an vielen Stellen Leistungen mehrfach durchgeführt werden, die an zentraler Stelle effizienter gehandhabt werden könnten, wie zum Beispiel die Rechnungslegung. Diese Kritikpunkte legen den Einsatz eines zentralen Verrechnungsdienstes innerhalb des Unternehmens nahe. Dadurch können einzelne Leistungen wie Nutzerverwaltung, Leistungsmessung und Rechnungslegung an zentraler Stelle optimiert werden. Außerdem existiert dann sowohl für die Leistungsnehmer als auch für die leistungserbringenden Stellen ein zentraler Ansprechpartner für die Verrechnung. Ein solcher zentraler Abrechnungsdienst kann durchaus in einer IT-Abteilung angesiedelt werden, da an dieser Stelle auch die Leistungsmessung und die Verwaltung der Systeme durchgeführt werden muss. Aus Sicht der Kostenrechnung kann dieser Abrechnungsdienst wie die anderen IT- Systeme im Unternehmen als interne Dienstleistung angesehen werden.

Ein solcher zentraler Abrechnungsdienst muss verschiedene Funktionen erfüllen können. Die Hauptaufgabenbereiche sind die Verwaltung der Benutzer, die Verwaltung der abzurechnenden Systeme, die Verwaltung der Tarife, die Messung der bezogenen Leistungen und die Rechnungslegung.

Die Benutzerverwaltung ist keine für dieses System spezifische Funktion und da eine solche Verwaltung in beinahe jedem System benötigt wird, bietet es sich an, auf die im Unternehmen bereits vorhandenen Lösungen zurückzugreifen. Dies ist dann besonders einfach, wenn es im Rahmen einer Single-Sign-On-Lösung bereits standardisierte Zugangsmöglichkeiten zu den Nutzerdaten gibt, zum Beispiel durch einen Dienst, der DAP nutzt.

Die Verwaltung der abzurechnenden Systeme kann durch einen Katalog-Service realisiert werden. In einem solchen Katalog können alle im Unternehmen vorhandenen Systeme und Produkte aufgelistet werden, von wo aus sie vom Anwender direkt bestellt werden können.. Gegebenenfalls müssen zwar die Preise und die Leistungen bei einem (oder mehreren) Treffen abgestimmt werden, besonders bei ausgefallenen oder sehr umfangreichen Leistungen, dennoch kann der Bestell- und Bearbeitungsvorgang auf diese Weise standardisiert und beschleunigt werden.

Die Verwaltung der Tarife kann mit Hilfe der Service Level Agreements umgesetzt werden. Dabei sollten fertige Formulare für verschiedene SLAs bereitgestellt werden, die nur noch mit Daten gefüllt werden müssen. Wird auf eine Bestellung hin ein SLA erstellt, werden alle zuständigen Verantwortlichen benachrichtigt, die das SLA dann über die Anwendung freigeben können. Dieser Prozess kann durchaus auch systemgestützt durchgeführt werden. Haben alle Verantwortlichen das SLA genehmigt und freigegeben, kann die Leistung erbracht werden.

Bei laufenden IT-Dienstleistungen kann der nutzerbezogene Verbrauch der einzelnen Leistungseinheiten während der Bereitstellung der Leistung aufgezeichnet und im Rahmen einer periodischen Rechnungslegung mit den in den SLAs festgelegten Preisen bewertet werden. Schließlich kann daraus eine Rechnung generiert werden.

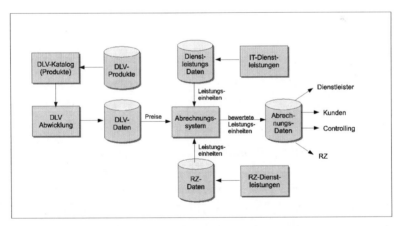

Abbildung 8.1: Interne IT-Leistungsverrechnung mit Verrechnungspreisen

Sollen statt vorher vereinbarten Verrechnungspreisen im Rahmen von Service Level Agreements Kostenumlageverfahren verwendet werden, kann die Verrechnung durch ein ähnliches System unterstützt werden. Dafür werden von IT-Dienst-leistern und Rechenzentren nicht nur die in Anspruch genommenen Leistungs-einheiten, sondern auch die angefallenen Kosten weitergegeben. Die Umlage-schlüssel und Umlagekonzepte können dann im Abrechnungssystem hinterlegt werden und eine dementsprechende Kostenumlage kann systemgestützt durch-geführt werden.

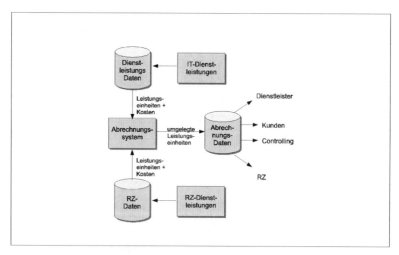

Abbildung 8.2: Interne IT-Leistungsverrechnung mit Kostenumlage

8.2 Verrechnung am Beispiel eines Client/Server-Systems

Im Folgenden soll am Beispiel eines fiktiven Client/Server-Systems nachvollzo-gen werden, wie die Verrechnung mit Hilfe von kostenbasierten Verrechnungs-preisen und einem Konzept wie dem in Kapitel 8.1 beschriebenen, vorgenommen werden kann. Dabei wird davon ausgegangen, dass das System nicht neu ein-geführt wird, sondern bisher mittels Kostenumlage verrechnet wurde, so dass Nutzeranzahlen und Nutzerverhalten bereits bekannt sind. Die IT-Dienstleister (sowohl das Rechenzentrum als auch der Software-Dienstleister) sind als Profit Center organisiert, sie dürfen also Gewinn erzielen.

Szenario:

Im hier gewählten Beispiel handelt sich um ein Client/Server-System mit einer 3-Schichten- Architektur, bei der ein Anwendungsserver und ein Datenbankserver benötigt werden. Bei der Bereitstellung des Systems ist eine Trennung zwischen Software-Dienstleister und Rechenzentrum vorgenommen worden. Das Rechenzentrum übernimmt dabei die Bereitstellung und Betreuung der Server, wohingegen die Software-Dienstleistungsabteilung die Bereitstellung und Betreuung der Software und den Benutzersupport sowie Schulungen übernimmt. Die Preisfindung und Produktbildung wird vom Software-Dienstleister übernommen, da dieser der Ansprechpartner für die Anwender ist. Die Leistungen des Rechenzentrums sind mit dem Software-Dienstleister in einem SLA vereinbart.

Die Bereitstellung der Hardware hat das Rechenzentrum wie folgt umgesetzt: Anwendungsserver und Datenbankserver laufen auf zwei getrennten Rechnern. Da die Anwendung sehr speicherintensiv ist und eine hohe Verfügbarkeit gefordert wird, läuft die Anwendungssoftware alleine auf einem Server. Die Datenbank hingegen teilt sich einen Server mit drei verschiedenen anderen Datenbanken. Der Anwendungsserver wird, zusammen mit drei anderen Anwendungsservern, von einem Mitarbeiter des Rechenzentrums betreut, der das Funktionieren des Servers überwacht, neue Updates einspielt, die Performance des Servers überprüft und für Hardware-Fehler/Probleme zuständig ist. Ein weiterer Mitarbeiter des Rechenzentrums ist für den Datenbankserver mit allen darauf laufenden Datenbanken zuständig. Er übernimmt die selben Funktionen wie sein Kollege beim Anwendungsserver und unterstützt die für die Datenbankinhalte und die Software zuständige Abteilung bei Problemen/Fragen, die das DBMS betreffen, für die Datenbankpflege und -inhalte ist er jedoch nicht zuständig. Die Nutzung der Software wird vom Software-Dienstleister geregelt. Ein Team aus zwei Mitarbeitern ist für die Weiterentwicklung und Wartung der Anwendungs-Software sowohl für den Client- als auch für den Server-Teil zuständig. Außerdem pflegen Sie das Datenbankmodell sowie die Datenbankinhalte. Das Team betreut keine weiteren Anwendungen, übernimmt aber sowohl die Installationen als auch den Support für dieses System und führt auf Wunsch Schulungen durch. Angemeldete Anwender erhalten eine Client-Software, die selbst oder auf Wunsch auch durch die Mitarbeiter der Software-Abteilung installiert wird, sie können den Support und Schulungen der Software-Abteilung nutzen, sowie Programmänderungen vorschlagen.

Kosten:

Um passende Preise und Produkte erstellen zu können, müssen die aus Sicht des Software- Dienstleisters anfallenden Kosten ermittelt werden, die als Basis für die Verrechnungspreise dienen sollen.

Dabei können zwei große Kostenblöcke unterschieden werden. Zum einen die Kosten, die für das System im Rechenzentrum anfallen und an die Software-Abteilung weiterverrechnet werden, und zum anderen die Kosten, die in der Software-Abteilung selbst entstehen.

Im Rechenzentrum fallen Personalkosten für die beiden Mitarbeiter sowie Abschreibungskosten, Energiekosten, Raumkosten, Versicherungen, Lizenzkosten für die Betriebssysteme und das DBMS an. Diese Kosten hat das Rechenzentrum zu eigenen Produkten zusammengefasst. Die Software-Abteilung bezieht die Produkte „eigener versicherter Anwendungsserver mit Support" sowie „geteilter versicherter Datenbankserver mit Support". Für diese Produkte sind entsprechende Preise in einem SLA vereinbart worden, in dem festgelegt wurde, dass für die Bereitstellung der Server ein gewisser Sockelbetrag zu zahlen ist und für die Nutzung ein Preis pro Zugriff zu tragen ist.

In der Software-Abteilung selbst entstehen Kosten für die beiden Mitarbeiter, die das System betreuen, Raumkosten, Energiekosten, Verwaltungskosten, Arbeitsplätze (als Produkt vom Rechenzentrum) und Lizenzkosten für Software (Betriebssystem, Entwicklungssoftware). Zu welchen Teilen diese Kosten in die Leistung eingehen, wird im Folgenden beschrieben:

Die Personalkosten für die beiden Mitarbeiter können voll in die Preise für das System eingehen, da sie keine anderen Aufgaben haben und somit ihre volle Arbeitszeit in dieses System investieren.

Die Raumkosten werden über die Anzahl der Mitarbeiter verrechnet. Da in diesem Fall die Büroräume alle ungefähr gleich groß sind, werden die Sollkosten für Miete, Reinigung und Instandhaltung addiert und durch die Anzahl der Quadratmeter des gesamten der Abteilung zur Verfügung stehenden Raums geteilt. Auf diese Weise erhält man einen Preis pro Quadratmeter. Im Anschluss wird die Anzahl der gesamten zur Verfügung stehenden Quadratmeter durch die Anzahl der Mitarbeiter dividiert. Dieser Wert spiegelt die Anzahl der Quadratmeter wieder, die jedem Mitarbeiter zur Verfügung stehen und wird mit dem zuvor berechneten Preis pro Quadratmeter multipliziert um die Raumkosten zu ermitteln.

Ähnlich wird bei Energie und Wasser verfahren. Da alle Mitarbeiter ungefähr die selbe Menge an Energie und Wasser verbrauchen, werden die dafür anfallenden Gesamtkosten durch die Anzahl der Mitarbeiter dividiert. Raum-, Energie- und Wasserkosten werden hier mit 2 multipliziert, da zwei Mitarbeiter für die zu verrechnende Dienstleistung arbeiten. Die Verwaltungskosten, die für das System entstehen, werden wie folgt berechnet: in der Abteilung ist außer 20 weiteren Mitarbeitern eine Sekretärin angestellt, für die Personalkosten, Arbeitsplatzkosten, Raummiete, Energiekosten und Telefonkosten entstehen. Diese Kosten werden anteilig über die Mitarbeiter weiterverrechnet.

Da die beiden Mitarbeiter ihre volle Arbeitszeit in die Bereitstellung dieser Leistungen aufwenden, werden ihre Arbeitsplätze voll zugerechnet, die Lizenzen für Entwicklungssoftware sind darin enthalten (Produkt „Entwickler-Arbeitsplatz"). Die sich insgesamt ergebenden Kosten können Tabelle 8.1 entnommen werden.

Kostenart	Preis
Monatlicher Betrag für das Produkt „eigener, versicherter Anwendungsserver mit Support" an das Rechenzentrum	6.000 €
Monatlicher Betrag für das Produkt „geteilter, versicherter Datenbankserver mit Support" an das Rechenzentrum	4.500 €
Personalkosten für die beiden Mitarbeiter der Software-Abteilung	10.000 €
Monatlicher Betrag für zwei Arbeitsplätze an RZ (incl. Software-Lizenzen)	240 €
Anteilige Verwaltungskosten	550 €
Anteilige Raumkosten	300 €
Anteilige Wasser- und Energiekosten	50 €
Monatliche Gesamtkosten	21.640 €
Hinzu kommen pro Zugriff:	
Pro Lesezugriff an das Rechenzentrum	0,15 €
Pro Schreibzugriff an das Rechenzentrum (incl. Bandsicherung)	0,30 €

Tabelle 8.1: Fallbeispiel: Anfallende Kosten

Produkt- und Preisbildung:

Nachdem nun die Kosten feststehen, müssen für das System passende Produkte gebildet und mit entsprechenden Preisen versehen werden.

Um anwendergerechte Produkte zusammenstellen zu können, müssen Nutzeranzahl und – Verhalten betrachtet werden. Im hier gewählten Beispiel werden folgende Ergebnisse angenommen: Bislang wird das System von 250 Nutzern verwendet, wobei hier keine Unterscheidung zwischen „named User" und „concurrent User" vorgenommen werden muss, da jeder angemeldete Nutzer auch über einen Client mit der entsprechenden Software verfügt und alle gleichzeitig am System arbeiten können. Bei der Betrachtung des Nutzerverhaltens können drei Nutzertypen identifiziert werden: 80% Nutzer verwenden das System ungefähr einmal in der Woche oder seltener, 20% der Nutzer verwenden das System täg-

lich. Insgesamt hat das System monatlich im Durchschnitt 5000 Zugriffe zu ver-
buchen, von denen 40% auf die wenigen Nutzer entfallen, die das System täglich
nutzen, die restlichen 60% auf die Nutzer, die das System weniger oft verwenden.
2000 davon sind schreibende Zugriffe, 3000 lesende.

Aus diesen Informationen müssen nun nutzergerechte Produkte zusammengestellt werden, die sowohl die Kosten decken und einen Gewinnaufschlag realisieren, als auch den Anforderungen der Nutzer entsprechen und deren Nutzerverhalten widerspiegeln.

Um die Anforderung der Transparenz in der Kostenentstehung zu erfüllen ist es
sinnvoll, die Zweiteilung der Preise durch das Rechenzentrum in Sockelbetrag
und zugriffsbezogene Kosten beizubehalten und jeweils um entsprechende Kosten des Software-Dienstleisters zu ergänzen. Um feststellen zu können welcher
Betrag der monatlich in der Software-Abteilung anfallenden Gesamtkosten auf
den Sockelbetrag entfallen soll, wird die Zusammensetzung der Kosten näher betrachtet. Dabei lässt sich feststellen, dass ungefähr die Hälfte der Kosten (10500
€) für die Bereitstellung der Server anfällt und die andere Hälfte (11140 €) über
die Mitarbeiter anteilig zugerechnet wurde. Die Kosten, die das Rechenzentrum
für die Bereitstellung der Server berechnet, können ganz in den Sockelbetrag mit
eingehen, da sie nutzungsunabängig sind und auch dann erwirtschaftet werden
müssen, wenn keiner der angemeldeten Nutzer das System verwendet. Auch die
Kosten für Wasser und Energie gehen zu 100% in den Sockelbetrag ein, da diese
Kosten zu gering sind, um sie über einzelne Leistungen zu verrechnen. Für die
Behandlung der Kosten, die in Software-Abteilung selbst entstanden sind kann
die Verwendung der Arbeitsstunden der beiden Mitarbeiter auf die einzelnen Teilleistungen zu Hilfe genommen werden. Dabei wird als Basis eine wöchentliche
Arbeitszeit der Mitarbeiter von jeweils 40 Stunden zugrunde gelegt. Im hier ge-
wählten Beispiel ergibt sich dabei folgende Einteilung:

Tätigkeit	Anteil der Arbeitszeit
Support	30%
Von Nutzern beauftragte kleinere Programmänderungen (bis 10 Stunden Aufwand)	25%
Von Nutzern beauftragte größere Programmänderungen (ab 10 Stunden Aufwand)	10%
Schulungen	5%
Client-Installation und Anmeldeverfahren	2%
Pflege der Daten und des DB-Modells	8%
Technisch notwendige Programmänderungen	10%
Fortbildungen	5%
Informationen zu Optimierungsmöglichkeiten des Systems einholen	2%
Verwaltung und sonstige Tätigkeiten	3%

Tabelle 8.2: Fallbeispiel: Anteil der Arbeitszeit an einzelnen Tätigkeiten

Die in der Tabelle aufgeführten Tätigkeiten können auf unterschiedliche Weise verrechnet werden. Tätigkeiten, die für die Bereitstellung des Systems nutzungsunabhängig anfallen, sollten mit einem Sockelbetrag verrechnet werden, da sie schließlich auch dann anfallen, wenn niemand das System nutzt. Dazu gehören hier die aus technischen Gründen notwendigen Programmänderungen, die Fortbildungen und die Zeit, die genutzt wird, um sich über Optimierungsmöglichkeiten des Systems zu informieren, z.B. durch Gespräche mit den Anwendern oder mit Anbietern neuer Technologien.

Nutzungsabhängige Tätigkeiten, also solche Tätigkeiten, die dann anfallen, wenn die Nutzer das System auch verwenden, können per Zugriff verrechnet werden. Dies sind zum Beispiel kleine Änderungen bis 10 Stunden Arbeitsaufwand, die von den Nutzern initiiert wurden sowie die Pflege der Daten. In diesem Fall wird auch der Support zugriffsabhängig verrechnet, da die Supportleistungen meist geringfügig sind aber sehr häufig vorkommen, so dass der Arbeitsaufwand, jede Supportleistung einem Nutzer direkt zuzuordnen, zu groß wäre. Einige Leistungen können direkt zugeordnet und abgerechnet werden. In diesem Beispiel sind dies die von den Benutzern beauftragten Änderungen ab 10 Stunden Arbeitsaufwand, Schulungen sowie die Anmeldung eines neuen Nutzers und die damit verbundene Client- Installation.

Für die Preisbildung werden die Kosten, die in der Software-Abteilung entstehen mit den in der Tabelle aufgelisteten Arbeitsanteilen verteilt. Dabei entfallen in diesem Beispiel 2% der Gesamtkosten auf den Sockelbetrag (Fortbildungen, Informationen zu Optimierungsmöglichkeiten und technische Änderungen), 63% auf die Zugriffe (kleine Änderungen, Support und Datenbankänderungen) und 17% werden einzeln verrechnet (größere Änderungen, Schulungen und Anmeldung mit Client-Installation). Bei der Verrechnung der Zugriffe kann auch hier zwischen lesendem und schreibendem Zugriff unterschieden werden, da das Lesen von Daten weniger Änderungen oder besondere Pflege der Datenbank erforderlich macht als bei Schreibzugriffen. Dies lässt sich umsetzen, indem man den Schreibzugriffen einen geringeren Anteil der Datenpflege zurechnet, z.B. hier nur 2% und damit für Lesezugriffe Kosten von 29,5% der Gesamtkosten erhält und den Schreibzugriffen dann mit 33,5% mehr Kosten zurechnet. Um die Kosten für den einzelnen Zugriff zu ermitteln, werden die insgesamt für die Zugriffe anfallenden Kosten durch die Anzahl der durchschnittlichen Zugriffe pro Monat geteilt. Mit den Kosten für die Stunden wird ähnlich vorgegangen.

Schließlich ergibt sich daraus für den Standardnutzer folgendes Produkt:
Um den Sockelbetrag zu berechnen werden zunächst die prozentual auf den Sockelbetrag entfallenden Kosten berechnet, die dann in einem zweiten Schritt auf die 250 Mitarbeiter verteilt werden. Um die Preise für die einzelnen Zugriffe zu ermitteln, werden zunächst die Anteile an den Gesamtkosten ermittelt, welche durch die Lese- bzw. Schreibzugriffe getragen werden sollen. In einem zweiten Schritt werden diese Kosten auf die einzelnen Leistungseinheiten verteilt, wobei die statistischen Durchschnittswerte von 3000 Lese- und 2000 Schreibzugriffen im Monat zu Hilfe genommen werden.

Sockelbetrag:	
Bereitstellung der Server vom RZ	100 von 10500 = 10500 10500/250 = **42 €**
Personalkosten für Software-Mitarbeiter	20% von 10.000 = 2000 2000/250 = **8 €**
Anteil an Arbeitsplätzen der Software-Mitarbeiter	20% von 240 = 48 48/250 = **0,19 €**
Anteilige Verwaltungskosten	20% von 550 = 110 110/250 = **0,44 €**
Anteilige Raumkosten	20% von 300 = 60 60/250 = **0,24 €**
Wasser- und Energiekosten	100% von 50 = 50 50/250 = **0,20 €**
Monatliche Grundkosten pro Nutzer	**51,07 €**
Zugriffskosten:	
Lesender Zugriff:	
An Rechenzentrum	**0,15 €**
Personalkosten für Software-Mitarbeiter	29,5% von 10.000 = 2950 2950/3000 = **0,98 €**
Anteil an Arbeitsplätzen der Software-Mitarbeiter	29,5% von 240 = 70,8 70,80/3000 = **0,02 €**
Anteilige Verwaltungskosten	29,5% von 550 = 162,25 162,25/3000 = **0,05 €**
Anteilige Raumkosten	29,5% von 300 = 88,5 88,5/3000 = **0,03 €**
Gewinnzuschlag: 10%	**0,12 €**
Lesender Zugriff gesamt	**1,35 €**
Schreibender Zugriff:	
An Rechenzentrum	**0.30 €**
Personalkosten für Software-Mitarbeiter	33,5% von 10.000 = 3350 3350/2000 = **1,68 €**
Anteil an Arbeitsplätzen der Software-Mitarbeiter	33,5% von 240 = 80,4 80,4/2000 = **0,04 €**
Anteilige Verwaltungskosten	33,5% von 550 = 184,25 184,25/2000 = **0,09 €**
Anteilige Raumkosten	33,5% von 300 = 100,5 100,5/2000 = **0,05 €**
Gewinnzuschlag: 10 %	**0,32 €**
Schreibender Zugriff gesamt	**2,66 €**

Tabelle 8.3: Fallbeispiel: Produkt für den Standard-Nutzer

Die Stundensätze werden ermittelt, indem zunächst die anteiligen Kosten, die durch die einzeln abzurechnenden Leistungen getragen werden sollen, ermittelt werden. Im Anschluss werden diese Kosten auf die einzelnen Leistungseinheiten (hier also die Stunden) verrechnet. Dabei wird zugrunde gelegt, dass die beiden Mitarbeiter jeweils eine 40-Stunden-Woche arbeiten, also 80 Stunden pro Woche zur Verfügung stehen, von denen 17%, also 13,6 Stunden pro Woche, für einzeln abzurechnende Leistungen verwendet werden. Daraus ergeben sich 54,4 Stunden im Monat. Urlaube und Feiertage werden bezahlt und müssen deshalb für die Berechnung des Stundensatzes nicht von der Arbeitszeit abgezogen werden. Da alle Leistungen, die stundenweise abgerechnet werden von den selben beiden Mitarbeitern erbracht werden, wird für all diese Leistungen der selbe Stundensatz berechnet.

Kosten für Stundensätze:	
Personalkosten für Software-Mitarbeiter	17% von 10.000 = 1700 1700/54,4 = **31,25 €**
Anteil an Arbeitsplätzen der Software-Mitarbeiter	17% von 240 = 40,8 40,8/54,4 = **0,75 €**
Anteilige Verwaltungskosten	17% von 550 = 93,5 93,5/54,4 = **1,72 €**
Anteilige Raumkosten	17% von 300 = 51 51/54,4 = **0,94 €**
Gewinnzuschlag 10%	**3,47 €**
Stundensatz:	**38,27 €**
Schulungen:	
Zusätzliche Kosten für Schulungsmaterial pro Person bei Schulungen.	**25 €**

Tabelle 8.4: Fallbeispiel: Einzeln abzurechnende Produkte

Bei diesem Produkt sind die Preise für die einzelnen Zugriffe relativ teuer. Für den größten Teil der Nutzer, die das System wie bereits beschrieben, nur einmal in der Woche nutzen, oder sogar seltener, ist eine Kosten-Nutzen-Relation durchaus gegeben. Für die Nutzer, die das System mehrmals täglich nutzen, steigen die Kosten durch die hohen Preise für die Zugriffe sehr schnell an und die Nutzer tragen übermäßig hohe Kosten. Um auch den Nutzern gerecht zu werden, die das System sehr häufig verwenden, wird ein weiteres Produkt zusammengestellt, in dem auf die Berechnung der einzelnen Zugriffe verzichtet wird. Stattdessen wird ein monatlicher Festbetrag verlangt, in dem die Kosten für die Zugriffe mit enthalten sind. Die stundenweise Abrechnung von Programmierleistungen mit mehr als 10 Stunden Aufwand, Schulungen sowie Installation und Anmeldung bleibt jedoch erhalten.

Für den Teil des Sockelbetrags, der die Zugriffe abdecken soll, müssen zunächst die Kosten ermittelt werden, die durch Zugriffe verrechnet werde sollen. Dies sind 63% der gesamten in der Software-Abteilung anfallenden Kosten, abzüglich der Kosten für Wasser und Energie, die bereits im Standard-Sockelbetrag enthalten sind. Hinzu kommen die Kosten, die das Rechenzentrum für Lese- und Schreibzugriffe berechnet. Um den Gesamtpreis zu ermitteln wird dieser Betrag dann zum Sockelbetrag des Standardnutzers hinzugerechnet.

Standard-Sockelbetrag:	
Bereitstellung der Server vom RZ	100% von 10500 = 10500 10500/250 = **42 €**
Personalkosten für Software-Mitarbeiter	20% von 10.000 = 2000 2000/250 = **8,00 €**
Anteil an Arbeitsplätzen der Software-Mitarbeiter	20% von 240 = 48 48/250 = **0,19 €**
Anteilige Verwaltungskosten	20% von 550 = 110 110/250 = **0,44 €**
Anteilige Raumkosten	20% von 300 = 60 60/250 = **0,24 €**
Wasser- und Energiekosten	100% von 50 = 50 50/250 = **0,20 €**
Zwischensumme:	**51,07 €**
Sockelbetrag für Zugriffe:	
Kosten aus Software-Abteilung:	10.000 €Mitarbeiter-Kosten 240 €Arbeitsplatz 550 €Verwaltungskosten 300 €Raumkosten = 11090 € Davon 63% = 6986,7 €
Kosten aus Rechenzentrum	2000 * 0,30 €für Schreibzugriffe = 600 € 3000 * 0,15 €für Lesezugriffe = 450€ = 1050 € Davon 63% = 661,5 €
Gesamt zu tragende Kosten	7648,2 € 40% dieser Kosten fallen für Vielnutzer an
Von Vielnutzern gesamt zu tragende Kosten	40% von 7648,2 = 3059,28 auf 20% der Mitarbeiter verteilen
Gewinnzuschlag 10%	**6,12 €**
Pro Vielnutzer zu tragende Kosten	**67,30 €**
Monatlicher Gesamtbetrag pro Vielnutzer:	**51,07 €+ 67,30 €= 118,37 €**

Tabelle 8.5: Fallbeispiel: Produkt für Vielnutzer

Die beiden Produkte können dann mit einer Produktbeschreibung und ihren Preisen in einen wie in Kapitel 8.1 beschriebenen Katalog eingetragen werden. Ein solcher Katalogeintrag könnte wie folgt aussehen:

System XY	
Beschreibung:	Das System XY unterstützt folgende Aufgaben...
Funktionsweise:	Das System ist als Client/Server-System realisiert, um es verwenden zu können ist ein PC-Arbeitsplatz mit Netzwerkanschluss erforderlich.
Produkte:	
Standardnutzer:	Monatlicher Grundbetrag: 51,07 € Lesezugriff: 1,35 € Schreibzugriff: 2,66 €
Vielnutzer	Monatlicher Grundbetrag: 118,37 € Hinzu kommen weitere Kosten für Client-Installation bei Anmeldung und gewünschte Programmierleistungen ab einem Umfang von 10 Stunden von 38,27 €pro Stunde. Außerdem sind Schulungen erhältlich, wobei ein Stundensatz von 38,27 €sowie 25 €pro Mitarbeiter für Schulungsunterlagen anfallen
Ansprechpartner:	Name, Telefonnummer, Email-Adresse des Ansprechpartners

Tabelle 8.6: Fallbeispiel: Katalogeintrag für System

Ist ein automatisierter Bestellungsprozess an den Katalog angeschlossen, kann ein Anwender direkt eines der Produkte bestellen. Daraufhin wird zunächst überprüft, ob mit der bestellenden Abteilung bereits ein SLA besteht. Wenn ja, wird sie dementsprechend abgeändert. Wenn nicht, wird aus einer entsprechenden Vorlage ein neues SLA generiert. Dabei ist es sinnvoll, die Sockelbeträge in regelmäßigen Abständen neu zu berechnen (z.B. jeden Monat oder bei einer Änderung der Nutzeranzahl um mehr als 10). Im Anschluss kann ein Genehmigungsfluss

durchlaufen werden, bei dem die jeweils verantwortlichen Beteiligten die Änderung des SLAs, bzw. das neue SLAzur Kenntnis nehmen und unterzeichnen. Ist
dieser Prozess beendet, wird der neue Anwender im System angelegt und erhält
(sofern diese erforderlich sind) Usernamen und Passwort.

Im laufenden Betrieb verzeichnet das Rechenzentrum die Zugriffe und die zuge-
hörigen Nutzer und sendet diese Daten monatlich an das Abrechnungssystem.
Die Software-Dienstleister halten die einzeln abzurechnenden Leistungen wie
Client-Installationen, Programmierleistungen mit einem Umfang von mehr als 10
Stunden und Schulungen fest und senden diese Leistungseinheiten mit dem entsprechenden Auftaggeber ebenfalls monatlich an das Abrechnungssystem. Dort
werden die Leistungseinheiten für die einzelnen Nutzer zusammengefasst, mit
den Preisen aus den SLAs bewertet und als Abrechnung an die entsprechenden
Abteilungen geschickt.

Auf diese Weise kann detailliert nachvollzogen werden, wie die Kosten entstanden sind.

8.3 Ausblick

In Zukunft werden sich die in Kapitel 5.1 und 5.2 beschriebenen Entwicklungen
fortsetzen. Besonders relevant sind dabei der Trend zur Geschäftsbereichsorganisation mit zunehmender Gewinnverantwortung sowie die Sichtweise der leistungsbeziehenden Abteilungen als Kunden. Diese beiden Faktoren führen dazu, dass die verursachungsgerechte und transparente Verrechnung der innerbetrieblichen Leistungen weiter an Bedeutung gewinnen wird. Diese Forderungen und die Tatsache, dass sich unternehmensinterne IT-Dienstleistungen zunehmend dem Vergleich mit externen IT-Dienstleistern stellen müssen, legt die
Verwendung von Verrechnungspreisen anstelle der heute oft noch eingesetzten
Kostenumlageverfahren nahe. Damit deutet sich eine zunehmende Annäherung

von internem und externem Markt an, was durch Trends wie ASP zusätzlich verstärkt wird. Da das Angebot an internen IT- Dienstleistungen immer komplexer wird und auch die Inanspruchnahme externer IT- Dienstleistungen zunimmt, ist der Einsatz eines zentralen Abrechnungssystems, wie das in Kapitel 8.1 beschriebene, sinnvoll. Zumindest ist aber eine Unternehmensweite Einigung auf die einzusetzenden Abrechnungsverfahren unerlässlich. Zu untersuchen bleibt, auf welche Weise ein Vergleich zwischen den internen Leistungen verschiedener Unternehmen sinnvoll vorgenommen werden kann. Auch das Erarbeiten von verlässlichen Marktpreisen sowie deren Anwendung bei Konzernverrechnungspreisen sind Themen, die in Zukunft näher betrachtet werden müssen.

Abkürzungsverzeichnis

ASP   Application Service Providing
AStG   Außensteuergesetz
BFH   Bundesfinanzhof
CKWIN   Checkpoint for Windows
CPU   Central Processing Unit
CRM   Customer Relationship Management
DAP   Directory Access Protocol
DBM   Datenbankmanagement
DFÜ   Datenfernübertragung
DLV   Dienstleistungsvereinbarung
DV   Datenverarbeitung
EDV   Elektronische Datenverarbeitung
EKSt   Endkostenstelle
FPW   Function Point Workbench
GB   Gigabyte
GK   Gemeinkosten
HGB   Handelsgesetzbuch
HTML   Hypertext Markup Language
I/O   Input/Output
IFPUG   Internationale Norm zur Function Points-Zählung
IP   Internet Protocol
IT   Informationstechnologie
KSt   Kostenstellen
LAN   Local Area Network
MAN   Metropolitan Area Network
MB   Megabyte
MVS   Multiple Virtual Storage
OECD   Organization for Economic Cooperation and Development
PC   Private Computer
RZ   Rechenzentrum
SLA   Service Level Agreement
TB   Terrabyte
USV   unterbrechungsfreie Stromversorgung
VKSt   Vorkostenstelle
WAN   Worldwide Area Network

Abbildungsverzeichnis

Tabellenverzeichnis

Literaturverzeichnis

Baetge, J.: Konzernbilanzen. IDW-Verl., 2000.

Bertleff, C.: Einführung einer IT-Leistungsverrechnung zur Unterstützung des strategischen IT-Controllings. HMD, 217 2001, 57–66.

Borstell, T. et al.: Zweifel an der Rechtmäßigkeit von Verrechnungspreiskorrekturen nach § 1 AStG. IStR, 23 2001, 757–760.

Bundschuh, M./Fabry, A.: Aufwandschätzung von IT-Projekten. 1. Auflage. MITP-Verl., 2000.

Coenenberg, A.: Kostenrechnung und Kostenanalyse. 3. Auflage. Landsberg/Lech: Verlag Moderne Industrie, 1997.

Eckardt, C.: Digital Business und die Zukunft des CIO – Bedrohung und Chance. HMD, 217 2001, 67–76.

Garbe, K.: Management von Rechnernetzen. Stuttgart: Vieweg+Teubner, 1991.

Gschwend, W.: Die Zielproblematik des Verrechnungspreises. St. Gallen, 1987.

Heilmann, H.: IT-Strategie und IT-Controlling im Wandel am Beispiel eines Großunternehmens. HMD, 217 2001, 3–8.

Herget, J./Schwuchow, W.: Informationscontrolling : proceedings der 8. Internationalen Fachkonferenz der Deutschen Gesellschaft für Dokumentation e.V. (DGD). Univ.-Verl. Konstanz, 1995.

Hummel, S./Männel, W.: Kostenrechnung - Grundlagen, Aufbau und Anwendung. 4. Auflage. Gabler, 1990.

Kaminski, B.: Verrechnungspreisbestimmung bei fehlendem Fremdvergleich. Neuwied u.a., 2001.

Kargl, H.: Der Wandel von der DV-Abteilung zum IT-Profitcenter: Mehr als eine Umorganisation! Band Arbeitspapiere WI Nr. 1/1997, Mainz: Lehrstuhl für Allg. BWL und Wirtschaftsinformatik, Johannes Gutenberg-Universität, 1997.

Keller, W.: Enterprise Application Integration. Erfahrungen aus der Praxis. Dpunkt Verlag, 2002.

Kilger, W.: Flexible Plankostenrechnung und Deckungsbeitragsrechnung. 9. Auflage. Gabler, 1988.

Kilger, W.: Einführung in die Kostenrechnung. 3. Auflage. Gabler, 1992.

Knöll, H./Busse, J.: Aufwandschätzung von Software-Projekten in der Praxis. Mannheim u.a.: B.I. Wissenschaftsverlag, 1991.

Kreuter, A.: Verrechnungspreise in Profit-Center-Organisationen. München [u.a.]: Hampp, 1997.

Kroppen, H.: Bedeutende Entscheidung des BFH in Verrechnungspreisfragen – Anmerkungen zum Urteil vom 17.10.2001. IWB, 23 2001, 1133–1142.

Kuckhoff, H.: Anforderung an ein Dokumentationssystem für internationale Verrechnungspreise. Hefte zur internationalen Besteuerung 115 1997.

Matschke, M.: In **Wittmann, W. et al. (Hrsg.):** Enzyklopädie der Betriebswirtschaftslehre. Stuttgart, 1993, 2582 ff..

Michels, J.: 2008 ⟨URL: http://www.jomi.com⟩.

Nolan, R.: Krisenmanagement in der Datenverarbeitung. Harvardmanager Informations- und Datentechnik, Band 1 1981, 103–115.

OECD: Transfer Pricing Guidelines for Multinational Enterprises and Tax Administrations. Paris, 2001.

Riebel, P.: Einzelkosten- und Deckungsbeitragsrechnung : Grundfragen einer markt- und entscheidungsorientierten Unternehmensrechnung. 6. Auflage. Wiesbaden: Gabler, 1990.

Scherz, E.: Verrechnungspreise für unternehmensinterne Dienstleistungen. Wiesbaden: Dt. Univ.-Verl. [u.a.], 1998.

Schweitzer, M./Küpper, H.-U.: Systeme der Kosten- und Erlösrechnung. 7. Auflage. Vahlen, 1998.

Seibt, D.: Informationsmanagement und Controlling. Wirtschaftsinformatik,, 2 1990, 116–126.

Standish Group: CHAOS Report. 1994.

Vogt, W.: Nutzen ohne Frust – IT-Services kundenorientiert planen und steuern. Basel: Perseo Consult, 2000.

Wöhe, G./Döring, U.: Einführung in die allgemeine Betriebswirtschaftslehre. 20. Auflage. München: Vahlen, 2000.

A Anhang

A.1 Für IT-Projekte anfallende Kostenarten

Für Einzelprojekte anfallende Personalkosten

- Beratung

- Software-Entwicklung

  - Analyse/GP-Aufnahme ggf. GP-Optimierung
  - Konzeption
  - Programmierung
  - Testen und Integration
  - Dokumentation

- Einführung, Einweisung

- Schulung

- Auswahl und Beschaffung von Hardware und Software

- Anpassung von Fremdsoftware

- Installation von Hardware

- Netz-Installation

- Fortbildung Mitarbeiter

Für Einzelprojekte anfallende Sachkosten

- Hardware

- Kauf von Fremdsoftware

- Datenträger, Formulare

- Schulungsunterlagen

- Arbeitsplatz-Ausstattung

- Netz-Installation (Hardware)

Für Einzelprojekte anfallende Fremdleistungen

- Programmier-/Beratungs-/... Leistung von Fremdfirmenmitarbeitern
- Miete von Hardware
- Wartung durch Fremdfirmen
- Fortbildung Mitarbeiter
- Leistungen am Gebäude

Für Einzelprojekte anfallende sonstige Kosten

- Versicherungen
- Porto
- Telefonkosten
- Neubau/Umbau Gebäude
- Miete Gebäude
- Abschreibungen
- Wasser, Strom

A.2 Für laufende IT-Dienstleistungen anfallende Kostenarten

Für periodenbezogene Leistungen anfallende Personalkosten

- Benutzersupport

  - Datensicherung
  - Unterstützung der Benutzer bei Problemen (Hotline und Helpdesk-Dienste)
  - Wartung der Anwendungen und der Infrastruktur
  - Schulung der Benutzer
  - Durchführung von Erfahrungsaustausch unter Benutzergruppen
  - Auswahl und Beschaffung von Hardware und Software
  - Information der Benutzer über aktuelle Entwicklungen von Hardware und Software

- Software-Entwicklung (kleinerer Umfang, der in laufender Leistung enthalten ist)

  - Analyse
  - Konzeption
  - Programmierung
  - Testen und Integration
  - Dokumentation

- Betreuung (Stammdatenpflege, Hardwarewartung, Netz-Wartung, Hilfsgeräte-Wartung)

- Administration

- Verwaltung (Sekretariat, Rechnungslegung ...)

- Sozialkosten

Für periodenbezogene Leistungen anfallende Sachkosten

- Hardware:

  - Miete
  - Leasingraten
  - Abschreibungsbeträge

- Zubehör (Kabel etc.)

- Versicherungen

- Materialverbrauch:

    - Papier
    - Druckfarbe, Toner
    - Bänder/Kassetten
    - Datenträger

- Software:

    - Lizenzen bei Fremdsoftware
    - Abschreibungen

- Maschinen für Bandsicherungen/Kassettensicherungen

- Drucker

Für periodenbezogene Leistungen anfallende Fremdleistungen

- Programmierleistung

- Installationen

- Miete von Hardware

- Wartung durch Fremdfirmen

- Beratung und Prüfung durch Dritte:

    - Wirtschaftsprüfung, Wirtschaftsberatung
    - Datenschutzprüfung
    - Systemprüfung
    - Sicherheitsprüfung, Sicherheitsberatung
    - Rechtsberatung
    - Personalberatung

Für periodenbezogene Leistungen anfallende sonstige Kosten

- Versicherungen

- Telefonkosten

- Portokosten

- Gebäudekosten (Reinigung...)

- Energiekosten (für Hardware, Kühlung und Klimaverbrauch):

    - Strom
    - Ggf. Gas
    - Ggf. Fernwärme
    - Wasser

- Bürokosten:

    - Möbel
    - Telefon, Telefax

Druck: KN Digital Printforce GmbH · Schockenriedstraße 37 · 70565 Stuttgart